Kari Köster-Lösche

Das Julfest

RL **rütten & loening**

Kari Köster-Lösche, geboren 1946, wuchs in Schweden am Meer auf und lebt heute in Nordfriesland und auf der Hallig Langeneß. Nach einem Studium der Tiermedizin promovierte sie in Bakteriologie. Seit 1985 arbeitet sie als freie Autorin. Bekannt wurde sie mit ihren zahlreichen historischen Romanen. Im Aufbau Taschenbuch sind ihre Kriminalromane um den auf Sylt ermittelnden Kommissar Niklas Asmus »Tod auf dem Hindenburgdamm« und »Mord in der Vogelkoje« lieferbar, bei Aufbau Digital »Alfons, die Weihnachtsgans«.

Wie in jedem Jahr kurz vor Weihnachten ist das Kleinvolk des Nordens auf den Hof der Familie Lorenzen mitten in Nordfriesland eingeladen. Als Dank für das Bewahren des Hofes vor Feuer, Gewitter, Sturm und Landunter im abgelaufenen Jahr. Nach und nach treffen sie auf ihren Reisevögeln bei Familie Lorenzen ein: die Puken von Sylt, Föhr, Amrum und den Halligen sowie dem nordfriesischen Festland, die dänischen Nisse, die finnischen Tonttut. Nur die Klabautermänner aus Island kommen per Segelboot. Eine weitere Ausnahme ist Tant Gunilla aus Schweden auf ihrem spark, ihrem Schlitten. Sie fliegt nicht gerne. »Wo sind denn die anderen Tomte?«, wundert sie sich. »Ich bin doch immer die Letzte.« Entsetzt findet das Kleinvolk heraus, dass alle Tomte von den Huldren gefangen genommen wurden, eingekesselt vor dem Eingang des Universitätsgebäudes warten sie auf Hilfe. Huldren sind Waldfeen und Feinde des Kleinvolks. Es heißt, sie stehlen Kinder. Und jetzt sogar die ganze Schar der Tomte!
Um das Weihnachtsfest nicht zu gefährden, beschließt die siebzehnjährige Thorke, die Tochter der Lorenzens, loszureisen, um die Tomte zu retten.

Kari Köster-Lösche

Das
Julfest

Nordische Weihnachten
mit Tomte, Puken und
anderen Zauberwesen

Roman

RL rütten & loening

ISBN 978-3-352-01003-3

Rütten & Loening ist eine Marke
der Aufbau Verlage GmbH & Co. KG

1. Auflage 2023
© Aufbau Verlage GmbH & Co. KG, Berlin 2023
www.aufbau-verlage.de
10969 Berlin, Prinzenstraße 85
Der Verlag behält sich das Text- und Data-Mining
nach § 44b UrhG vor, was hiermit Dritten
ohne Zustimmung des Verlages untersagt ist.
Umschlaggestaltung und Motiv www.buerosued.de, München
Satz Greiner & Reichel, Köln
Druck und Binden GGP Media GmbH, Pößneck
Printed in Germany

Personenverzeichnis

Hof Lorenzen:
Thorke, Tochter des Besitzers
Jonte Lorenzen, Hofbesitzer
Gyde Lorenzen, Ehefrau von Jonte
Oke Lorenzen, Bruder von Thorke

Lewe Clausen, Nachbar
Bror, Gemeindearbeiter

Puken (Nordfriesen):
York, Hauspuk
Jonne, Sprecher
Erk, putzeifriger Irrwisch

Nisse (Dänen):
Ejvind, Sprecher
Kjell, hat schwedische Sprachkenntnisse

Tonttut (Finnland):
Thore, Sprecher
Pekka, zuständig für Rennschlitten

Tomte (Schweden):
Gösta, Sprecher
Loke, Bockführer, Sachverständiger für sparks

Tondid (Estland):
Professor Matti
Arto, Kind

Klabautermänner (Isländer):
Brandur, Vormann auf dem Boot
Fenrir, Vormann im Wald

Troll (Norwegen):
Stigandr, Wanderer durch den Norden

Huldren (Schweden):
Syra, Sprecherin

Kapitel 1

»Huh …, huh …, huh … Im Takt bleiben, Leute, schneller! Huh, huh, hu, hu hu! Riemen einholen!« Brandur, der Vormann der Isländer, stand am Heck erhöht und gab die Kommandos. »Segel setzen!«

Die Ruder flogen ins Boot, Gaffelsegel, Fock und Besan nach oben und das Seitenschwert ins Wasser. Das Boot Örnen war unterwegs von Island nach Nordfriesland.

Wie in jedem Jahr kurz vor Weihnachten war die Einladung der Familie Lorenzen auf ihren Hof an alle Familien des Kleinvolks ergangen. Dort würden sich die Klabautermänner aus Island mit den nordfriesischen Puken, den dänischen Nisser, den schwedischen Tomtar und den Tonttut aus Finnland treffen. Es würde ein Riesenfest rund um den Grütztopf werden.

Die See war ruhig, der leichte Wind kam fast von achtern und trieb Örnen rasch vorwärts. Brandur übernahm die Ruderpinne und ließ seine stämmige Figur auf die Bank am Heck sinken. Er strich sich die wilden roten Haare unter der Mütze aus dem Gesicht und glättete sich den Bart. Alles war zu seiner Zufriedenheit.

Brandur war sich bewusst, ein ausgezeichneter Vormann einer seit Jahrhunderten bekannten Schifferfamilie zu sein. Er hatte ein untrügliches Gespür für den Wind, und die Mannschaft vertraute ihm. So sahen sie der Ankunft in Nordfriesland freudig gespannt entgegen. Mit Ausnahme einiger junger Leute.

Die Klabautermänner waren erst seit wenigen Jahren beim Weihnachtsessen dabei. Es hatte lange Uneinigkeit darüber geherrscht, ob sie überhaupt zum Kleinvolk gehörten, deren einzelne Völker im Gegensatz zu ihnen auf dem Land wohnten und arbeiteten.

Auch äußerlich unterschieden sie sich von den anderen. Sie trugen zu ihren Jacken und Hosen keine Zipfelmützen, denn die hätten sich leicht in fliegenden Schoten und anderem Tauwerk verfangen können und abreißen lassen, sondern eng gestrickte runde Kappen. Ihre Kleidung war traditionell grün wie für seefahrendes Volk, nicht rot oder grau wie die der Landbewohner.

»Na, Brandur, soll ich übernehmen?«, rief Fenrir, einer der Jungspunde gehässig. »Damit wir nicht womöglich in Schottland ankommen.«

»Keine Gefahr, solange ich am Ruder bin«, erwiderte Brandur gelassen. Er war schon älter und ließ sich durch Hitzköpfe nicht so leicht aus der Ruhe bringen. »Der Wind dreht links. Wenn du steuerst, landen wir noch in Norwegen.« Fenrir, diese kleine Giftnatter! Sein Vater besaß den größten Hof auf Island, aber Fenrir, statt mitzuarbeiten, sorgte auch dort stets für Ärger. Er trieb sich gern mit arbeitslosen Klabbis herum, deren Schiffe auf Land aufgebockt waren und deren Zeitvertreib es war, den isländischen Fischern Streiche zu spielen. Fenrir war der Kopf der Rebellen und heckte möglicherweise schon wieder mit seinen Gefolgsleuten Dummheiten aus. Sein Vater war ein redlicher Mann, aber über einen seiner Urgroßväter gab es böse Gerüchte.

»Was hältst du davon, wenn du mal eine Pause machst, Brandur? Deine Hand am Ruder zittert ja schon.«

»Hör am besten auf, Fenrir, ja? Wir möchten gerne in Nordfriesland sicher ankommen. Du kannst im Wald übernehmen. Mit den paar Bäumen im Osten der Insel hast du ja wohl viel Erfahrung.« Dabei gab es wenig Bäume im Umkreis von Fenrirs Besitz, nur kurzes Gras, auf dem Schafe weideten. In einiger Entfernung allerdings gab es Berge und einen Wald.

»Immerhin bewirtschaften wir den Hallormsstader-skogur.«

Oh, das musste neu sein. Brandur hatte es nicht gewusst. »Wald!«, stieß er verächtlich aus.

»Wie du meinst, Alter.«

Das Gemurre der Mannschaft zeigte, dass beide zu weit gegangen waren, und sie schwiegen fortan.

✳

Da Schiffe der Klabautermänner wesentlich schneller sind als die der Menschen, erreichten sie einige Stunden später schon das flache Wattgewässer westlich von Sylt. Brandur ließ als Gastlandflagge die nordfriesische setzen, die unter anderem einen Grütztopf abbildete. Fenrir, in mohnroter Schwimmweste und grünem Südwester, stand inzwischen an Deck, klammerte sich an ein Want und gab mit wilden Handzeichen Richtungen an, die Brandur am Steuer nicht befolgte.

Das nordfriesische Festland kam in Sicht. Højer-Schleuse ließen sie an Backbord liegen. Brandur hielt nach dem Leuchtturm des Kleinen Volks in den Farben Rot und Grün Ausschau. Neben ihm konnten sie bequem auf dem flachen Vorland auflaufen, nachdem sie die Segel gefiert und das Schwert heraufgeholt hatten. Die dort weidenden Schafe hoben verwundert die Köpfe.

Der Rest war schwere Arbeit: Örnen musste auf den mitgebrachten entasteten runden Holzstämmen aufgebockt und zum Ruttebüller See gerollt werden, wo sie in der Süderau weiterrudern würden. Fenrir, hoch an Deck stehend, war jetzt in seinem Element, und Brandur zog sich unter Deck zurück. Fenrir gab die Richtung an. Er wähnte sich sachkundig in allem, was nicht mit der See zu tun hatte. Vor allem mit der Arbeit in den Wäldern, die es in Islands bewohnten Gebieten aber nicht mehr gab, weshalb ihm niemand widersprechen konnte.

Kapitel 2

Der Dreiseithof der Familie Lorenzen war ein stattliches Anwesen. Das Wohnhaus in der Mitte war das älteste Gebäude. Wie üblich bestand das traditionelle Langhaus aus einem Wohnteil zur einen Seite des Eingangsgiebels und dem Stallteil zur anderen, der die Wetterseite nach Westen einnahm. Es wurde flankiert von zwei Nebengebäuden, dem neuen Stall und dem Gerätehaus.

An Menschen befand sich derzeit nur Thorke, die siebzehnjährige Tochter, hier. Die übrigen Familienmitglieder, Mams, Paps und ihr dreizehnjähriger Bruder Oke, waren zum Baden nach Mallorca geflogen, während sich Thorke am hoch liegenden Schnee erfreute.

Ein weiterer ständiger Bewohner war der Hauspuk York, der im Spitzgiebel sein Zimmer hatte. Er hatte eine Vertrauensstellung im Haus wie ein Butler bei Menschen, aber natürlich nur bei denjenigen, die ihn achteten und seine Arbeit würdigten. Das war vor allem Thorke. Deswegen auch konnte sie ihn wie alle anderen des Kleinvolkes sehen, ohne dass er die Unsichtbarkeitsmütze abnahm.

York war enorm fleißig. Wenn Mams im Haus war, hatte er am meisten zu tun. Sie war ein Weltwunder im Unordnungmachen, und er stellte die Ordnung wieder her. Er füllte auch die Waschmaschine und hängte die Wäsche auf. Nur gelegentlich wies er auf seine herausragende Position hin, was mitunter etwas störrisch herüberkam. Paps' kuhfladenbekleckerte Hosen ließ er in der Waschküche

für Thorke liegen. Er sei kein Feldpuk, sondern ein Hauspuk.

✳

Thorke war dankbar, das Fest für das Kleinvolk allein ausrichten zu dürfen, ohne dass ihr jemand reinredete, zum
Beispiel ihre Mutter. Thorke liebte sie ja, aber stricken ler-
nen zu sollen, war ihr ein Graus.

Sie selbst hatte in den letzten zwei Jahren mit ihrer Freun-
din in Lappland Weihnachten gefeiert, und anlässlich der
Mallorcafahrer war die Gelegenheit gekommen, hier allein
zu wirtschaften. Sie hatte bereits adventlich geschmückt,
einen Adventskranz aufgestellt und den Adventsstern ins
Fenster gehängt.

Landwirtschaft und Kochen lagen Thorke. Leider war
der Stall schon lange leer, die Kühe waren verkauft. Der
Vater hatte die Milchwirtschaft aufgegeben, weil sie nicht
mehr viel einbrachte. Jetzt fuhr er Landmaschinen für
einen Fuhrunternehmer, hatte feste Arbeitszeiten, und sie
konnten sich dank eines kleinen Lottogewinns eine Ur-
laubsreise leisten. Der Vorteil für Thorke war, dass sich die
alte Milchkammer hervorragend für die Vorbereitung der
Weihnachtsgrütze verwenden ließ.

Hauspuk York wirbelte Thorke entgegen, als sie ins Haus
trat. Er war erkennbar nervös, seine Mütze hing schief, und
seine Jacke war falsch zugeknöpft.

»Nur die Ruhe, York«, sagte Thorke.

»Hast du eine Ahnung«, schimpfte York. »Es kommen
viel mehr, als wir eingeladen haben. Dein Vater hätte jede
Gruppe auf hundert begrenzen müssen. Ich wurde von den
Postfliegern aus Schweden und Finnland benachrichtigt.«

O je, dachte Thorke betroffen. Paps eben. Manchmal
gedankenlos. Zur Vorsicht ging sie in die Küche und be-

sichtigte ihre Gewürzvorräte, die an einer Stange vor dem Fenster hingen. Für die Grütze nach Paps' Geheimrezept wurde davon zwar nicht viel benötigt, aber man wusste nie, was geschehen konnte.

Der Hallig-Wermuth – den Thorke von ihrer Tante auf Langeneß bezog – sah gut aus, die Petersilie weniger, Pfefferminze in unterschiedlichen Geschmacksrichtungen war in Ordnung, ebenso wie Zitronenmelisse. Rauke, Knoblau und Schnittlauch befanden sich im Gefrierfach. Thorke war mitten in ihren Überlegungen, als ein fremdes Geräusch draußen sie aufmerksam machte.

Zwischen den Bäumen am Hof brummte und polterte etwas. Das konnten die Gäste doch noch nicht sein!

Thorke blickte zur Tür hinaus und dann nach oben. Sie war selbst nicht klein, sie maß fast ein Meter siebzig, musste sogar den Kopf unter dem niedrigen Türsturz einziehen. Aber vor ihr stand ein Riese mit schwarzen Haaren, Knollennase und mit hängenden, sehr behaarten Armen, mit denen er freundschaftlich wedelte. Seine Hose war auffallend rot-schwarz kariert, die grob gestrickte Weste hätte geflickt werden müssen, und eine seiner Hosentaschen beulte aus.

»Hej, erwarte ich dich, gehörst du zum Kleinvolk?«, fragte Thorke verblüfft.

»Unbedingt. Meine Sippe ist nur ein wenig größer geraten. Wir sind Trolle.«

»Ja, das sehe ich. Und du isst gerne Hafergrütze wie alle anderen?«

»Leidenschaftlich! Ich weiß aber noch nicht, wie sie schmeckt.«

Trolle galten nicht unbedingt als schlau. »Wie heißt du?«

»Stigandr, das heißt: der Wanderer. Ich war schon in Island, Grönland, Irland, Dänemark, Schweden und Finnland«, sagte er stolz. »In Norwegen wohne ich.«

»Dann bist du hier willkommen, Stigandr«, sagte Thorke einladend. »Hast du deinen Proviant in der Tasche mitgebracht? Der wäre nicht nötig. Wir haben Essen für alle.« Hoffte sie zumindest.

Stigandrs dunkles Gesicht wurde noch dunkler. Er griff in die Tasche und entrollte verlegen seinen zierlichen Trollschwanz mit prachtvollem Puschel am Ende. »Menschen fürchten sich oft vor Trollen ...«

»So erklärt sich das also. Nun, wir hier nicht. Außerdem sehen die anderen Menschen dich doch gar nicht. Weißt du was? Ich habe selbst so viel zu erledigen. Bis alle da sind, könntest du dich vielleicht nützlich machen?«

»Gerne«, rief Stigandr beglückt. »Ich kann dir etwas vorsingen. Ein Wiegenlied, das mir meine Mutter immer vorgesungen hat. Es heißt ›Trollmors vaggsång‹, Trollmutters Wiegenlied, und endet mit den schönsten Worten, die ich kenne: ›Ho aj aj aj aj buff, ho aj aj aj aj buff, ho aj aj aj buff buff‹. Gefällt es dir?«

»Oh, ja, doch«, meinte Thorke höflich. »Aber ich dachte mehr an Feuerholzsammeln und Ähnliches, was deinen Kräften entspricht. Vielleicht auch Schnee schaufeln? Gänge zwischen den Gebäuden freimachen?«

»Wenn dir an Kultur nichts liegt ...« Stigandr drehte sich um, holte die Schaufel von der Stallwand ab und trottete beleidigt in den Wald.

✳

Thorke seufzte. Vielleicht wurde die Bewirtung des Kleinen Volks mit Weihnachtsgrütze doch schwieriger, als sie gedacht hatte. Bisher hatte sich immer der Vater um die Gäste gekümmert. Und den Weihnachtsbaum geschmückt. Auch das war jetzt ihre Aufgabe.

Sie lauschte. Irgendetwas ging im Wald vor. Bäume wurden geschlagen. Stigandr? Hölzer knackten, und etwas rollte durch den Wald. Eine helle Stimme kündigte erste geladene Gäste an. Nicht Stigandr.

Thorke öffnete das Fenster und staunte nicht schlecht. Durch das Geäst schob sich ein klinkergebautes Boot, ähnlich wie ein Zeesboot, welches sie am liebsten segelte, mit Bugspriet und hochgelaschten Seitenschwertern.

Am Bug stand ein spilliger Klabautermann in Schwimmweste und kommandierte »huh, huh, hu, hu, hu«, immer schneller, ungeachtet der Tatsache, dass sie mit Pilzen oder Rehen kollidieren konnten.

Thorke erkannte den Ruderrhythmus, nur richtete sich keiner danach. Die Klabautermänner schoben das Boot unbeirrt schnaufend vorwärts, bis sie den Hof erreicht hatten. Sie zog sich ihre Stiefel an, die im Flur standen, rückte ihren blonden Zopf zurecht und ging nach draußen.

Zu ihrer Verwunderung waren die Masten des Bootes nicht gelegt, das Durchkommen wäre einfacher gewesen. Als Gastlandflagge war die nordfriesische Flagge aufgezogen, aber wegen des Grützkessels passte das ja sehr gut, obwohl sie keine offizielle deutsche Flagge auf See war. Am Heck wehte die isländische Flagge in einer kleinen Bö aus, die den Hof erreichte.

Zahllose Männer stemmten außenbords, und jede Menge Klabautermänner saßen auf den Ruderbänken. York hatte recht gehabt, so viele hatten sie nicht erwartet.

Kurze Zeit später kletterte der Mann in Schwimmweste von Bord und sah sich suchend um. »Ich bin Fenrir, verantwortlich für das Waldsegeln. Wo ist der Grütztopf?«

So ein unhöflicher Kerl!

Kapitel 3

Wo ist der Grütztopf? Dreist, oder? Aber es gab niemanden, bei dem Thorke sich beschweren konnte. Erst einmal überließ sie die Klabautermänner sich selbst. Sie mussten sicherlich das Boot klarieren und einen Platz zum Aufbocken suchen. Zumal gerade ein Rauschen über den Bäumen zu hören war: Die Nächsten kamen.

Waren das die Tomtar, die auf Käuzchen reisten? Aber nein, sie hörte ein Durcheinander von Stimmen in verschiedenen Sprachen. Das mussten Puken sein. Ihr Plattdeutsch, das Friesische und das Sönderjysk aus Süddänemark hörte sie leicht heraus. Aber wer sprach denn da Hochdeutsch? Ein Einziger.

Die Tauben mit je drei Puken auf dem Rücken landeten mit einem schwerfälligen Plumpsen. Kurz nach ihnen segelten elegant die Möwen mit den dänischen Nisse zwischen den Bäumen hindurch. Neben den lautstarken Streitereien der Möwen, die sofort anhoben, gab es ein Gewusel von Puken und Nisse, die einander kannten. Das fröhliche Gewimmel war so groß, dass Thorke sich erst einmal in den Hauseingang zurückzog.

Auch Strigandr, der gerade mit einem Armvoll Feuerholz kam, warf dieses mit mürrischer Miene ab und floh in den Wald zurück.

Sehr empfindlich, dieser künstlerische Troll, dachte Thorke und fand eine gewisse Ähnlichkeit mit ihrer Mutter, die ausgebildete Sängerin war.

»Hi, hi, was ein außergewöhnlicher Knecht! Mit Puschel! Habe ich noch nie gesehen.«

Wenn Thorke nicht alles täuschte, war das Fenrir gewesen, der da gerade vorbeistrich.

Danach begann sie sich endlich den Vorbereitungen für das Festessen zu widmen. Der Hafer musste geschrotet werden, die Schüsseln und Holzlöffel gezählt und gespült – dabei fiel ihr ein, dass gar nicht ausreichend vorhanden waren –, Tische und Bänke im Stall aufgestellt werden. Es gab genug zu tun. Als Thorke gerade die Löffel in heißem Wasser bearbeitete, tappte jemand in die Tür und grüßte höflich »Guten Morgen. Moin, moin«.

Das war er also, der Hochdeutsch sprach. Thorke drehte sich um und sah vor sich einen kleinen, zierlichen Mann, angezogen wie alle, abgesehen von seinem schwarzen Zylinder und einem Gehstock. Sie trocknete sich die Hände ab und erwiderte seinen freundlichen Gruß.

»Ich bin Matti«, hob er feierlich an. »Ich bin das erste Mal hier. Ich unterrichte in Tondern an der ›Akademie für Sprachen der Kleinvölker‹ und wollte dir anbieten, zu dolmetschen, wenn es nötig ist.«

»Herzlichen Dank, Matti. Vielleicht Isländisch …«

Matti nickte, wandte sich ab und ging wieder.

※

Noch bevor Stigandr die Gänge ganz freigeschaufelt hatte, gab es auf dem Hof metallisches Quietschen und Rufe in einer Thorke fremden Sprache, die sie wieder aus der Milchkammer herauslockte.

Vor der Tür stand ein Rentier, daran angeschirrt zwei auffallend flache Schlitten, wie Thorke sie noch nie gesehen hatte. Sie kannte nur Schlitten mit Hörnern, an denen man sich bei Schussfahrt von einem Berg festhalten konnte. Nicht dass sie hier Berge hatten. Sie staunte mit offenem Mund.

Der Lenker ließ die Zügel sinken und sprang vom Schlitten. Er bemerkte Thorkes Bewunderung. »Wir haben neuerdings Rennrodel für unsere ›Renntiere‹«, erklärte er stolz. Bieten dem Wind kaum Widerstand. Wir gewinnen meistens bei Rennen. Übrigens, mein Name ist Thore, und unser ›Renntier‹ heißt Renner. Wir kommen aus Finnland und sind die Tonttut. Ich persönlich bin ein Schweden-Tonttu, wenn du verstehst, was das ist.«

Natürlich. Ein schwedischsprachiger Tonttu aus der südwestlichsten Ecke von Finnland. So erklärte es sich, dass er Schwedisch sprach, das Thorke einigermaßen verstand, da dort, wo sie in der Nähe der dänischen Grenze wohnte, alle Älteren Sönderjysk sprachen, etwas respektlos Kartoffeldänisch genannt.

»Wo ist die Sauna?«

»Die Sauna …«, stammelte Thorke. O nein, nicht schon wieder Ansprüche, die sie nicht erfüllen konnte. Von einer Sauna hatte ihr Vater nichts gesagt.

Thore hob beschwichtigend die Hände. »Nicht erschrecken, die bauen wir im Nu selbst, wenn es hier keine gibt. Hauptsache, wir haben einen Bach in der Nähe und Feuerholz.«

»Oh, Feuerholz ist genug vorhanden, wie du siehst. Unser Troll Stigandr trägt gerade genug für Haus und Hof zusammen. Die Süderaue plätschert in der Richtung.« Sie zeigte sie ihm.

Eine Schar Tonttut sprang von den Schlitten und begann mit dem Abladen.

Sie waren noch dabei, als Matti herantappte. »Hyvää päivää, guten Tag.«

»Hyvää päivää, Professor«, grüßte Thore gedämpft.

»Lange nicht gesehen. Sei so gut und geh etwas beiseite, damit wir Platz zum Ausladen haben.«

»Aber ich bin doch gar nicht im Weg«, protestierte Matti und klopfte dem Rentier mit seinem Gehstock freundlich auf die Nase. Renner scheute und warf die Schlitten um.

Thore seufzte leise. Sein und Thorkes Blick begegneten sich voll Einvernehmen. Der Professor aus Tondern war anscheinend als etwas unbeholfen bekannt.

Kapitel 4

Als Erste rauschte durch den freigeschaufelten Gang im Wald eine sitzende Person herbei, hinter ihr stand jemand. Ein schwedischer *spark*, erkannte Thorke erfreut. Diese Tretschlitten hatte sie im Sommer in Lappland an jeder Hauswand gelehnt gesehen. Bereit zum Gebrauch beim nächsten Schneefall.

Thorke ging auf die Neuankömmlinge zu, während die alte Dame vom Sitz kletterte. Ihr Gesicht war gefurcht wie eine vertrocknete Pflaume, aber ihre Augen wanderten vergnügt und neugierig über die Umgebung. Sie und ihr Begleiter trugen die traditionelle Tracht in Grau mit roter Mütze.

»Wir kennen uns noch nicht. Ich bin Gunilla. God dag.«

Thorke machte einen Knicks, wie es in Schweden Respektspersonen gegenüber üblich war. »Willkommen, *tant* Gunilla. Ich heiße Thorke und bin verantwortlich für das diesjährige Grützessen.«

»Sehr schön.« Gunilla sah sich um.

»Hatte *tant* Gunilla eine gute Reise?«

»Ja, gewiss. Aber wo sind die anderen?«

»Außer *tant* Gunilla sind noch keine Tomtar da. *Tant* ist die Erste.«

»Unmöglich! Wo fliegen denn die umher? Sammeln ist wie immer in Lund, da kann es kein Vertun geben, und dann mit den Käuzchen auf direktem Weg hierher.«

»Sie wurden bestimmt nur aufgehalten.«

»Du verstehst sicher, warum ich niemals fliege. Zu unzuverlässig heutzutage, man merkt es ja gerade.« Gunilla nahm sich erstmals Zeit, Thorke genau zu mustern. »Wir werden sehen. Wenigstens haben deine Eltern dich gut erzogen. Die jungen Leute in Schweden … nun, ja.«

Gunilla sprach Schonisch, nicht ganz Schwedisch, aber auch nicht ganz Dänisch. Aber Thorke verstand auch sie.

Inzwischen war der weiße Ziegenbock herangeschlendert, nachdem er hier und da an einem Busch geknabbert hatte. Thorke streckte die Hand aus.

»Es kann sein, dass er etwas stößig ist, er hat heute schlechte Laune«, warnte Gunilla.

Und schon saß Thorke in einem Schneehaufen.

»Auch er legt übrigens auf Höflichkeit wert.«

»Also, moin, Herr Julbock«, grüßte Thorke höflich, nachdem sie sich aufgerappelt hatte.

»Ich sehe mich um, während ich auf die Sippe warte«, entschied Gunilla. »Um Bock kümmert sich Loke. Das ist der fröhliche Bursche, der mich gefahren hat.«

Thorke winkte Loke zu, der breit lachend zurückgrüßte. Er wischte gerade die Kufen des *sparks* trocken und stellte ihn aufrecht an die Stallwand.

Gunilla zog sich die Pudelmütze tief über die Stirn und wandte sich zum Wohnhaus. »Kannst du mir vorher noch die Schlafstatt zeigen? Ich bin müde von der langen Fahrt.«

Thorke überlegte, wo sie Gunilla vorübergehend unterbringen konnte. Das Wohnzimmer ging nicht, das war unterkühlt, das Sofa durchgesessen und ohne Kissen. Lampenschirme fehlten auch. Mams strickte nur für Hilfsorganisationen, aber nicht für das eigene Haus. So blieb nur übrig, Gunilla in ihrem eigenen Zimmer einzuquartieren. In einem schönen, breiten und bequemen Bett. Kaum lag

Gunilla, warm von Thorke in eine Wolldecke eingehüllt, schlief sie schon.

✳

Als Thorke wieder auf den Hof trat, merkte sie, dass es den Klabautermännern ähnlich gehen musste wie Gunilla. Die vorher so lärmende Schar war inzwischen mucksmäuschenstill. Erst in der Nähe des unter den Bäumen aufgebockten Bootes hörte sie ein energisches Flüstern, als ob etwas Heimliches vorginge. Oder schob die Mannschaft nach ihrer Gewohnheit auf See auch an Land Wache und wollte die Schlafenden nicht stören?

An der Seite des Bootes glomm innerhalb eines Kreises aus Steinen ein Feuer. Thorke brach ein Fichtenästchen ab, das nur knapp darüber vom Baum hing.

Wie gerufen, kam auf Thorke ein stämmiger Mann in seemännischer Kleidung zu. Ein Ring an einem Ohr und das Bootsmesser an einer Zierknotenschnur mit mehreren kunstvoll geknüpften Knoten wies ihn als Seemann aus.

»Ich bin Brandur, der Vormann auf See«, stellte er sich vor.

Er gab sich so gelassen, dass Thorke keinen Zweifel hatte, wer auf dem Schiff das Sagen hatte. »Du hattest bisher nur mit Fenrir zu tun, ein Jungspund, häufig etwas übereifrig. Ich hoffe, du glaubst nicht, dass wir alle so überheblich sind.«

»Herr Brandur«, begann sie und konnte gar nicht die Augen von seiner Schnur lassen. Da gab es Knoten, die sie nicht kannte, geschweige denn beherrschte. Unwillkürlich fasste sie nach ihrem eigenen Messer, das ständig an ihrer Jeans für Außenarbeiten angeschäkelt blieb.

Seine Augenbrauen hoben sich ein wenig, als er ihre Geste sah. Er unterbrach sie. »Einfach Brandur. Und Freunde nennen uns Klabbis, ganz gleich, ob Klabautermänner oder Klabauterfrauen.«

»Ja, gerne. Ich heiße Thorke. Brandur, könnten deine Leute wohl auf unserer Kochstelle auf dem Hof kochen? Wir haben sie für euch eingerichtet. Unter den Bäumen ist es gefährlich wegen der tief hängenden vertrockneten Äste.«

»Ja, ja, stimmt. Daran hat keiner gedacht.« Brandur lief zum Boot und trat die Glut aus. Er vergewisserte sich, dass Thorke außer Sicht war, und rief dann leise Fenrir an Deck.

Jemand schnarchte laut. Fenrir? Er kam zwar gähnend an Deck, schien aber hellwach, als er sich über die Bordwand beugte.

»Was gibt's?«

»Wolltest du Örnen abfackeln? Sieh dir doch an, wo ihr Feuer gemacht habt.«

»Nun hab dich nicht so«, zischte Fenrir. »Es muss doch nicht jeder sehen, was wir kochen.

»Das kann jeder sehen. Fisch.«

Kapitel 5

Als Thorke ins Haus zurückkehrte, wurde sie von einer rennenden Schar Puken an die Wand gedrückt. O je, sie wusste schon: Puken an die Besen! Offenbar hatte York Alarm ausgelöst. Bei so vielen Gästen reichten die Nächte nicht, um die erforderliche Arbeit zu erledigen. Das Haus musste blitzblank sauber und gegen jede Gefahr geschützt sein. Kein Wunder, dass Mams zu Zeiten der Weihnachtsgrütze floh, sofern es ihr möglich war.

Als Erstes erlosch das Tag und Nacht brennende Licht im Flur, der dann ziemlich dunkel war. Thorke ging in die Küche. Die Herdplatten waren ausgestellt, der Kühlschrank und die Gefriertruhe im Halbkeller gaben keinen Ton von sich. Die Waschmaschine war mitten im Waschvorgang unterbrochen worden.

»Wo ist noch mal der Schalter zum Abpumpen von Wasser im Keller?«, fragte ein besonders kleiner, zappeliger Irrwisch, dessen Gesicht nur aus Falten bestand und die Handknochen durch die Haut schienen. Er musste uralt sein.

»Aber wenn du den umlegst, läuft der Keller bei der Schneeschmelze voll«, wandte Thorke ein. »Die Pumpe darfst du nicht außer Betrieb setzen.«

»Ach, was! Wo ist der Schalter?«

»Die ist im Wald, erste Eiche rechts«, behauptete Thorke aufs Geratewohl.

Fiete, der jüngere Gehilfe des Uralten, grinste in sich hinein. »Soll ich rausgehen, Erk, und das erledigen? Du verschwindest in den Schneehaufen ja, und man findet dich nicht wieder.«

»Nicht nötig, ich arbeite draußen nicht, dort sind die Nisse zuständig.« Erk rieb sich die schrumpeligen Hände warm und sah sich zufrieden um. »Ich glaube, ich habe hier alle neumodischen Gefahrenquellen beseitigt. Jetzt mache ich uns Licht, wie es sich an Weihnachten gehört.«

Erk hatte irgendwo zwei Petroleumlampen aufgetrieben und jede Menge Kerzenhalter, die Mams leidenschaftlich sammelte. Er bestückte sie sorgfältig mit passenden Kerzen und verteilte sie brennend in Flur, Küche und Wohnzimmer.

Zu ihrem Schrecken sah Thorke, dass der Teppich in der Dörns, dem Wohnzimmer, aufgerollt war und sämtliche Stecker von Fernseher, Radio, PC und Lampen herausgezogen auf dem Boden lagen.

»Ich werde jetzt das Schlafzimmer deiner Eltern herrichten. Ich meine: für uns Puken herrichten«, ergänzte Erk und wieselte die Treppe nach oben.

Was immer das bedeutete: Thorke kapitulierte vor der Wucht des fleißigen Arbeiters und setzte sich an den Küchentisch. Da merkte sie erst, dass Fiete in der Küche geblieben war. Er warf keck seinen Mützenzipfel über die Schulter und hockte sich auf die Tischecke.

»Du musst verstehen, Thorke, Erk gehört zu den Uralten, die glauben, dass Elektrizität von dämonischen Kräften herrührt, die jederzeit Blitze schleudern und alles in Brand setzen können. Es ist allein seine Verantwortung, das zu verhindern, das hat er sich ausbedungen, und er ist sehr sorgfältig.«

Thorke staunte über Fietes Erklärung. »Du glaubst das nicht?«

»Nein, wir Jüngeren alle nicht. Wir schätzen Musik aus Radios, zum Beispiel, und wir brauchen auch Lautsprecher. Wie sollten die Besucher des Weihnachtsmarktes in Tondern sonst die Kollegen Nisse hören können, die aus den Fenstern des Rathauses heraus für sie Gedichte aufsagen.«

Thorke nickte. »Und jetzt?«, fragte sie konsterniert.

»Jetzt schalten wir alles wieder ein, was Erk ausgestellt hat. Er ist zufrieden, sobald er das Haus gesichert hat, der Rest kümmert ihn nicht. Komm, lass uns anfangen.« Fiete hüpfte vom Tisch, pustete die Kerzen aus und begann Schalter umzulegen und Steckdosen einzustecken.

»Warte einen Augenblick, dann helfe ich dir«, sagte Thorke ermattet und setzte Kaffee für sie beide auf. »Und die Kerzen lassen wir stehen, wo sie sind, dann brauchen wir sie am Weihnachtsabend nur anzünden. Erk hat sie dort aufgestellt, wo sie am stimmungsvollsten wirken.

✦

Nach dem ersten Schluck ertönte draußen ein lautstarkes Ziegenmeckern. Thorke rannte wieder hinaus. Im Hof stemmte sich ein Nisse mit einem Strick in der Hand gegen einen mächtigen Gegner, der in die andere Richtung zog.

»Er will nicht in den Stall!«, schrie Nisse Fynn erbittert.

Thorke blickte hoch. Auf dem Dach des Geräteschuppens zerrte der Julbock mit allen Kräften am Führstrick, rutschte hin und wieder auf dem Reet aus und trampelte Halme los, die auf den Schnee herabrieselten.

»Gib ihm Saures«, brachte jemand quietschend vor unterdrücktem Lachen heraus, »dann kapiert er schon.«

Thorke drehte sich um. Hinter ihr stand tatsächlich Fenrir. »Loke!«, rief sie.

Loke sauste um die Ecke und riss Fynn den Strick aus der Hand. »Einen Julbock stellt man doch an Weihnachten nicht in den Stall. Der muss arbeiten, Pakete für Kinder schleppen.«

»Kann ich doch nicht wissen, du hinterwäldlerischer Schafskopf!«, schimpfte Fynn.

»Selbst Rotznase!« Loke schüttelte den Strick ein wenig. »Komm schon runter, Bock.«

Der Julbock sprang brav herunter und ließ sich losbinden. Dann hüpfte er munter in den Wald. Loke schoss den Strick sauber auf und hängte ihn an einen Nagel in der offenen Schuppentür.

✳

Thorke zog sich wieder in den Eingang zurück und beobachtete drei Nisse. Sie hatten den Deckel des Soods beiseitegeschoben – anderswo fälschlich als Brunnen bezeichnet –, hingen über dem Randmauerwerk und diskutierten lautstark den Füllstand des Wassers. Sie einigten sich auf zusätzliches Abpumpen wegen der kommenden Schneeschmelze. Einer wieselte davon und kam mit einer kleinen Tauchpumpe zurück, die er ins Wasser hängte. Kurz danach brummte sie los. Wasser plätscherte durch ein oberflächliches Rohr ins Abwassersystem.

Schalter erste Eiche rechts. Thorke musste selbst über ihren albernen Einfall lachen. Aber sie war froh zu wissen, wie sorgfältig Haus und Hof inspiziert und mögliche Gefahren vorsorglich ausgeschaltet wurden. Diese Arbeiten verrichtete immer der Vater in aller Stille, und sie hatte keine Ahnung davon.

Kapitel 6

$\mathcal{N}$och bevor sich Thorke erleichtert und zufrieden der Arbeit in der Milchkammer widmen konnte, wurde sie auf einen seltsamen Gesang aufmerksam, der gedämpft aus dem Wald kam.

Erneut zog sie Stiefel und Jacke an, dann ging sie dem Geräusch nach und fand schnell die Ursache.

Auf zwei im Winkel zueinander liegenden Buchenstämmen hockten unzählige Klabbis, in ihrer Mitte Stigandr, rechts und links von ihm Brandur und Fenrir. Alle grölten aus Herzenslust.

Thorke fiel zum ersten Mal auf, dass alle Klabbis isländische Pullover unter ihrem grünen Ölzeug trugen: Alle hatten unterschiedlich bunt gemusterte runde Friese unter dem Halsausschnitt.

Und tatsächlich strickten Brandur und ein anderer, den Thorke namentlich nicht kannte, während zwei in der Runde häkelten. Und noch etwas fiel ihr auf: Es waren ausschließlich die Älteren, die handarbeiteten.

Inzwischen vernahm Thorke, dass die Gruppe unterschiedliche Lieder gleichzeitig grölte. Der Troll jedenfalls sang unbekümmert und lautstark »Ti-ti-de-li, fi-fi-de-li-de-li, spelen opp, spelen, spelen opp, spelen opp, små dränger!« Offenbar ein Tanzlied. Von anderen hörte sie deutlich einen Shanty heraus: »What shall we do with the drunken sailor?«

Der spitznasige Fenrir dirigierte. Mitten in einem Lied

gestikulierte er heftig, was einige als Schluss mit Singen verstanden, andere nicht. Es dauerte, bis Ruhe einkehrte.

»Hat es dir gefallen, Thorke?«, fragte Brandur, der Vormann auf See. »Es …«

»Schweig!«, fiel ihm Fenrir ins Wort. »Hier im Wald bin ich der Vormann. Hat es dir gefallen, Thorke?«

Sie sah von einem zum anderen. Feindschaften innerhalb der Gruppe. Eine Ahnung davon hatte sie bereits beschlichen. Bevor ihr eine beschwichtigende Antwort einfiel, griff Stigandr ein.

Er patschte den beiden Streithähnen mit seinen pfannkuchengroßen Händen auf den Kopf, bis sie nur noch halb so groß waren wie vorher. »Natürlich hat es Thorke gefallen. Sie liebt Kultur, besonders Gesang.«

Das war aber nett von ihm, dachte Thorke und lächelte ihm zu. Alle anderen freuten sich auch über das Lob.

Nur Fenrir lächelte nicht. Er holte aus einer seiner vielen Taschen eine flache Flasche heraus, entkorkte sie und nahm mit verärgerter Miene einen guten Schluck. »Montress«, knurrte er, bevor er einen Rülpser von sich gab.

»Thorke würde bestimmt gerne wissen, was du meinst. Wegen der Kultur in anderen Ländern«, bat Stigandr.

Würden diese Eifersüchteleien nicht endlich mal aufhören? Thorke wollte gerade davonstiefeln, als Brandurs Handbewegung sie aufhielt.

»Es heißt Angeber, und Fenrir meint mich, nicht dich, Thorke.«

Fenrir stand auf, torkelte bei den ersten Schritten und verschwand im Wald.

»Brennivin, der Schwarze Tod genannt«, meinte jemand. »Aber keine Angst, der geht nur pinkeln, nicht sterben.«

Soweit Thorke erkennen konnte, ärgerten sich die meisten Klabbis, dass sie eine auffällige Schnapsdrossel in ihren

Reihen hatten. Nur eine kleine Gruppe von jungen Leuten verzog keine Miene, sondern tuschelte.

Die Sangesgruppe löste sich auf. Einige streiften durch den Wald, andere legten sich vermutlich gleich schlafen. Offensichtlich waren sie tatsächlich in Wachen eingeteilt. Thorke fiel allerdings auf, dass die Waldspaziergänger durch die Bank junge Leute waren und mehr oder weniger in Fenrirs Richtung unterwegs. Das bestätigte ihren Verdacht auf ernsthafte Zwiste.

Stigandr begleitete Thorke zum Hof. »Danke, dass du mir geholfen hast. Fenrir ist etwas schwierig«, meinte sie.

»Ja? Findest du? Manchmal ist er nur ein bisschen komisch.«

»Wie kommt es, dass du so viel von Kultur hältst, Stigandr?«

»Ich habe früher neben einer Schule gewohnt und beim Unterricht mitgehört. Bei meinen Leuten gelte ich als auffällig.«

»Du Ärmster«, sagte Thorke betroffen.

»Mach dir nichts draus. Mache ich auch nicht.«

»Stigandr, ich habe noch eine Bitte an dich: Könntest du zwei Tannenbäume schlagen, einen großen für uns Menschen und einen kleinen für das Kleine Volk?«

»Das mache ich sofort, ich habe die Axt schon gesehen.«

Kapitel 7

Thorke trennte sich vor dem Haus von Stigandr, der mit der Axt wieder in den Wald zurückging. Sie nahm den kleinen Umweg zum Bach, der in den Fluss Süderau mündete. Er war an den Rändern voll Schnee und dünnen Eisplatten, aber in der Mitte murmelte das Wasser einladend. Für Thorke allerdings nicht, und für Bock auch nicht.

Dieser stand neben der fertigen Saunahütte und sah den Tonttut interessiert zu. Sie waren nicht sehr viele, aber enorm fleißig. Wenn Thorke da an die Klabbis dachte …

Thore kam auf sie zu. »Hej, Thorke, dass du uns besuchst, ist ja riesig. Willst du unsere Sauna als Bauherrin abnehmen?«

»Iwo, davon versteh ich doch so viel wie Bock.«

»Dann bist du hier richtig. Architekten unter den Menschen schießen viele Böcke, habe ich gehört.«

Thorke lachte.

Ein Tonttu düste vorbei mit einem Armvoll dicker Holzscheite. »Ein echter Macher, unser Thore«, rief er Thorke stolz zu. »So schnell entwirft dir keiner eine Sauna wie er.«

»Sei nicht so vorlaut, Jossa«, mahnte Thore, während Jossa das Holz sorgfältig neben der Hütte aufschichtete. »Komm mit, ich zeige dir alles, Thorke.« Er umrundete die Hütte, die so groß war wie eine Baumhütte für Menschenkinder. »Ach, da bist du ja.« Thore zog einen sehr kleinen, zarten Kollegen liebevoll am Arm zu sich heran, den Thorke für ein Kind hielt. »Thorke, ich möchte dir unseren Tont Arto, einen Gast aus Estland, vorstellen. Er ist sehr schüchtern, vor allem Menschen gegenüber. Die Tondid sind in Estland fast vergessen und müssen in den Wäldern leben statt bei den Menschen, wie es sich gehört.«

»Willkommen, Arto aus Estland«, sagte Thorke freundlich und fand, dass er unterernährt aussah. »Ich hoffe, dass dir die Grütze schmecken wird und du dich bei uns wohlfühlst.«

Der Este nickte und flüsterte Thore ins Ohr.

»Wir passen schon auf dich auf.« Und zu Thorke: »Er hat Angst vor den Klabautermännern.«

»Ja, sie wirken etwas wild. Wer auf rauer See arbeitet, benimmt sich anders als zum Beispiel unser Hauspuk York, der sehr vornehm ist. Aber ich glaube, sie sind trotzdem freundlich.«

Der Tont verschwand, kaum dass er sich Thore entziehen konnte. »Er wird sich noch gewöhnen«, sagte Thore zuversichtlich. »Die Tondid sind in Estland einfach auf sich allein gestellt.«

Sie wandten sich wieder der Sauna zu, die wie ein Blockhaus gefügt war und deren Stämme mit Lehm aus dem Bach gegeneinander abgedichtet waren. Ein Architekt unter den Tonttut, dachte Thorke bewundernd.

Thore zeigte durch die offen stehende Tür auf das in der Mitte brennende niedrige Feuer. »Wenn wir auch sonst sehr modern sind, die Saunahütten bauen wir traditionell. Das Feuer erhitzt die Steine, und wenn es erlischt, gießen wir Wasser darauf und setzen uns auf die umlaufenden Bänke, um Dreck, Ärger und gelegentliche Streitereien auszuschwitzen. Die Nirostaschüsseln, die du dort aufgereiht siehst, sind für die Wasseraufgüsse bestimmt. Auf den Bänken schlafen wir nachts.«

»Genial!« Thorke dachte sofort daran, dass man Fenrir hierher zum Strafschwitzen schicken sollte.

»Läuft bei dir?«, erkundigte sich Jossa, nachdem er nachgelegt hatte und aufsprang, um schon wieder zu enteilen. Bock hüpfte unternehmungslustig hinter ihm her.

»Ja, läuft«, rief Thorke ihm nach und hoffte, dass es stimmte.

＊

Die Waldwege waren tadellos geräumt, wie Thorke feststellen konnte. So sehr Stigandr gemurrt hatte, war er doch fleißig gewesen und hatte akkurat gearbeitet. Plötzlich war Arto an ihrer Seite, ganz still hatte er aufgeschlossen. »Nanu«, meinte Thorke. »Möchtest du zu unserem Hof mitgehen? Soll ich ihn dir zeigen?«

»Ich würde gerne die Klabautermänner ansehen.«

»Natürlich, ich mache dich mit ihnen bekannt.«

Arto schüttelte den Kopf. »Nur ansehen.«

Thorke lächelte. »Klar.«

Ihnen kam ein Puk auf einem glatthaarigen Hund mit rötlichem Fell entgegen. Der Puk hielt einen großen Eimer auf seinem Schoß fest umklammert.

»Ein Gestaltwandler«, rief Arto verängstigt und versteckte sich hinter Thorke.

»Nein, nein, Arto. Das ist Kipferl, er besucht uns ab und zu. Oder er hilft uns, so wie jetzt. Hallo, Hark, hallo, Kipferl. Was macht ihr denn mit dem Sand?«

»Stigandr hat uns beauftragt Sand zum Abstreuen der Wege zu holen. Nicht, dass sich jemand ein Bein bricht.«

»Ja, das ist umsichtig«, lobte Thorke. »Wo habt ihr ihn denn her?«

»Aus der Kiste an der Ni zwölf.«

Oh, oh. In Thorkes Magen grummelte es warnend. Die

Ni 12 des Kleinvolks war identisch mit einer Gemeindestraße zwischen zwei Dörfern. Hoffentlich bemerkte niemand das Fehlen eines ganzen Eimers Sand. Oder mehrerer? Aber da war nichts mehr zu machen. »Komm nachher zu mir, Kipferl, ich habe einen leckeren Knochen für dich.«

Kipferl wedelte heftige Zustimmung. Als Thorke sich umdrehte, war Arto nicht mehr da. Hunden traute er wohl nicht ganz.

※

Zurück vor dem Haus, hörte Thorke das Telefon. Das Klingeln klang sehr energisch, also war es Mams. Sie flog förmlich nach drinnen und nahm gerade noch rechtzeitig ab.

»Hier ist deine Mutter. Warum hast du dich bisher nicht gemeldet?«

»Ich bin am Organisieren, Mams, so einfach ist es mit den diversen Parteien ja nun nicht.«

»Das bisschen Grützekochen?«

»Ja, ich …«

»Du musst wohl noch dazulernen. In der Hauswirtschaftsschule dulden sie Saumseligkeit nicht. Sprich, Faulheit.«

»Ich habe alle Hände voll …«

»Ach, erzähle doch keine Märchen! Ich weiß selbst, was es heißt, je fünf Puken, Nisse und Tomtar zu bewirten. Zwei Schüsselchen Grütze. Zwanzig Minuten Arbeit.«

Thorke widersprach nicht. Sie wies nicht einmal darauf hin, dass die Tomtar noch gar nicht da waren, weil sie sich verflogen haben mussten.

»Hast du dir das Strickmuster für die Socken angesehen? Es ist sehr einfach zu verstehen.«

»Nein, ich …«

»Ja, das dachte ich mir. Nun, dein Paps ruft mich zum Badengehen. Hier im Hotel ist ein Wellenbad. Sehr angenehm warm. Und die Bediensteten sind himmlisch. Tschüs, bis zum nächsten Mal.«

»Eben fällt mir noch etwas ein«, fuhr Mams hastig fort, bevor Thorke auflegte. »Schlepp uns kein Viehzeug ins Haus. Du weißt, dass ich allergisch bin.«

Thorke knallte erbittert den Hörer auf die altmodische Gabel. Lob hatte sie nicht gerade erwartet, aber doch etwas Anerkennung.

Kapitel 8

Ɑm späten Nachmittag hatten die meisten ihre Arbeiten erledigt, außer den Tonttut, die pflichtgemäß noch beim Saunen waren. Aber das Wohnhaus, Stall, Geräteschuppen, Dächer und Regenabflüsse waren gesäubert und gesichert. Nur die Tomtar waren noch nicht da. Das war beunruhigender denn je.

Thorke rief die Verantwortlichen von Puken und Nisse zusammen, um mit ihnen die Schlafplätze zu besprechen. Klabbis und Tonttut waren ja bereits untergebracht, und Stigandr war mit dem Fichtenwald und den Buchen und Eichen am Rand glücklich.

Da Erk das Schlafzimmer der Eltern hatte herrichten wollen, war Jonne, Sprecher der Puken, bei Thorke.

Sie blieb abrupt auf der Schwelle stehen und glaubte, ihren Augen nicht zu trauen. Erk hatte die Vorhänge des Himmelbettes abgehängt und, sauber zusammengefaltet, in einer Kinderbadewanne abgelegt, die er in der Waschküche gefunden hatte und die jetzt in einer Ecke stand.

Die waagerechten Vorhangstangen waren mit Ästen belegt, so dass Hunderte von Puken darauf Platz hatten. Umso mehr, weil Erk Mams' Wollknäuel aufgeschnitten und als weiches Polster auf den Hölzern verteilt hatte. Wahrscheinlich den ganzen Vorrat aus dem Schrank. Thorke begann zu kichern, sie konnte sich nicht beherrschen.

»Gemütlich, nicht?«, fragte Jonne zustimmend. »Erk hat sogar an Wasser gedacht.«

36

»Wo?«

Jonne zeigte auf die altmodische Frisierkommode, auf der eine Waschschüssel stand.

Als Thorke sich beruhigt hatte, schnupperte sie. Es roch süßlich-fruchtig-herb, und als sie den Inhalt in Augenschein nahm, schwamm in der Schüssel ein ölig-seifenartiges Gemisch verschiedener Kosmetika und Duschmittel im Wasser. Im Papierkorb neben der Kommode lagen ein Haufen geleerter Glasfläschchen und Behälter aus Kunststoff.

»Nett von deinen Eltern, uns diesen ganzen Komfort zur Verfügung zu stellen«, sagte Jonne anerkennend. »Das finden wir in kaum einem Haus. Da müssen wir meistens auf den Dachböden schlafen. Zugig und kalt.«

»Ja«, japste Thorke und versuchte, angesichts von Jonnes Lob, ihren Schrecken zu verbergen. Mams hätte ihre Kosmetika, die sie ja für ihren Beruf benötigte, mit Zähnen und Klauen verteidigt. Sie fand eine zugegeben klägliche Entschuldigung darin, dass niemand sie vorgewarnt hatte. Hoffentlich gab es nicht noch weitere Katastrophen. Sie sah Ejvind, Sprecher der Nisse, mit skeptischer Miene an, der sie mit großer Geste aufforderte, jetzt Okes Zimmer zu besichtigen.

Ihr dreizehnjähriger Bruder Oke bewohnte, ebenfalls im oberen Stockwerk, einen großen, hellen Raum. Abgesehen vom Giebel mit zwei Fenstern, waren alle Wände mit Regalen vollgestellt. Ejvind hüpfte Thorke derart erwartungsvoll voraus, dass sie sich auf das Schlimmste gefasst machte.

Es traf nicht zu. Die Nisse hatten vielmehr sämtliche Modellautos von Oke zu Schlafstätten umfunktioniert. Alle waren mit Stoff ausgepolstert, und jeder Nisse konnte ein Auto für sich beanspruchen. Sehr begehrt waren Traktoren mit Anhängern und Lastwagen, der Müllwagen hingegen blieb leer. Matchbox- und Wikingautos waren zu klein für erwachsene Nisse, sie hätten allenfalls für Kinder gepasst, aber die waren bei den Großeltern geblieben.

»Was meinst du dazu, Thorke?«, erkundigte sich Ejvind. »Autos sind einfach großartig, weil unsere Leute sie nach Freundschaften oder Gesprächsbedürfnis zusammenstellen können. Ich hoffe nur, sie werden nicht den ganzen Tag Rallyes fahren wollen.«

Thorke war unglaublich erleichtert. »Lass sie ruhig fahren, Ejvind, sie waren im Hof so fleißig, dass sie sich den Spaß verdient haben.«

»Wenn du das so entspannt siehst … Danke, Thorke.« Ejvind lachte so verschmitzt, dass Thorke sich fragte, ob möglicherweise doch ein Schabernack dahintersteckte.

✳

York rief nach Thorke. Sie traf ihn auf der Treppe. »Die Tomtar sind immer noch nicht da«, teilte er ihr mit. »Kann ja nicht mehr lange dauern. Aber für den Fall, dass sie bei Dunkelheit eintreffen, haben wir ihnen den Stall wohnlich gemacht. Vor allem Fiete.«

»Das ist lieb von euch«, seufzte Thorke erleichtert. Etwas, um das sie sich nicht mehr kümmern musste. Die Puken waren sehr umsichtig bei allem, was sie machten, und auf York war in allen Situationen Verlass.

Fiete winkte sie mit sich in den alten Stall. Er war mit vielfach gewölbter Decke ausgestattet, so wie hier früher die Stallgebäude gebaut wurden. Mit kurzen Ständen für die Rinder, die vor der Rinne endeten, in die die Fladen klackerten. Es war überraschend hell. Thorke sah verwundert nach oben.

Die langen Neonröhren waren geputzt und angeschaltet.

Fiete folgte ihrem Blick. »Nicht alle haben Angst vor Strom, das habe ich dir ja schon erklärt. Aber wenn man versucht, Erk darüber etwas zu erzählen, wird er fuchsteufelswild und schlägt Sachen kaputt.«

Thorke lächelte und sah sich um. Die an der Außenwand befestigten Krippen und die am Boden stehenden Tröge für Schweine waren dick mit tatsächlich noch duftendem Heu ausgepolstert, der Stallboden mit Stroh belegt. Es sah richtig gemütlich aus. Sie nickte anerkennend. »Schön habt ihr das gemacht.« Plötzlich stutzte sie. »Moment mal, wo habt ihr denn das Heu her? Vater bewirtschaftet doch kein eigenes Land mehr.«

»Jaa«, sagte Fiete bedächtig und blickte zu einem der Halbrundfenster hinaus. »Hast du die Rennrodel gesehen? Wenn einer wie Pekka die Zügel von Renner in der Hand hat, düsen die ab wie ein Falke im Sturzflug.«

Thorke hörte ihm mit nachdenklicher Miene geduldig zu, bis Fiete offenbar nichts mehr zu sagen wusste. »Wenn ich dein Lob von Rennschlitten in seinen wesentlichen Inhalt übersetze, heißt das, ihr habt Heu und Stroh geklaut.«

»Na, ja, wir hatten keine Wahl«, gab Fiete unglücklich zu und warf die Hände auseinander. »In den meisten Bauernhöfen, wo wir sonst feiern, gibt es Heu. Nur bei euch nicht. Er hat uns nicht gesehen.«

»Wie viel Ballen habt ihr geklaut? Und wer ist er?«

»Nur vier Ballen. Bei Lewe Clausen. Der ist immer so geizig mit der Grütze. Geschieht ihm ganz recht.«

Thorke presste ihre Hände an die Wangen. »Ausgerechnet bei dem alten Griesgram! Der hat Oke und mir immer mit einem Stock gedroht, wenn er uns beim Versteckspielen auf seinem Heuboden erwischt hat.«

»Ach, Verstecken habt ihr dort gespielt?«, fragte York gedehnt. »Das wusste ich ja gar nicht.«

Fiete grinste schadenfroh. »Dann ist ja alles in Ordnung.« Er wanderte ein fröhliches Lied pfeifend davon.

Thorke folgte ihm tief in Gedanken und blieb an der Treppe stehen. Sie wusste, dass sie ihren Vater zu informieren hatte. Bezahlen würde er auch müssen. Für Heu klauen gab es keine Ausrede. Oh, je.

»Ruhe!«, brüllte oben jemand. »Bei dem Lärm kann man ja nicht schlafen!«

Thorke schaute nach oben. Der Professor. Anscheinend schlief er im Schlafzimmer der Eltern. Aber wieso dort? Sie hatte ihm keinen Schlafplatz zugewiesen. Als Professor aus Tondern war er ein Nisse und schlief selbstverständlich bei den Nisse. Jetzt würde es auch noch Ärger zwischen ihm und den Puken geben. Denn sie wagte nicht, ihn hinauszujagen. Das kam ihr als jungem Mädchen einem alten Herrn gegenüber nicht zu.

Ach, sie wünschte, Paps wäre da. Sie verdrückte sich in den Hof.

Kapitel 9

Inzwischen war alles vorbereitet, nur das Grützessen nicht. Thorke zählte in Gedanken auf, was erledigt war: Die Schlafräume waren bezugsfertig, die Kochstelle an ungefährlicher Position auf dem Hof wurde fleißig genutzt, die Wege waren von Schnee befreit und abgestreut, Holz zum Heizen und Kochen war gespalten und aufgeschichtet.

Bis alle fertig gegessen, »tack för maten« gerufen hatten und die Teller gespült waren, war es dunkel geworden, aber alle saßen noch am Feuer und unterhielten sich. Thorke saß auf einem Baumstumpf im Hintergrund.

Sie schwiegen, als Matti hörbar die Treppe heruntertappte, mit jeweils drei dumpfen Aufschlägen, einer davon für den Stock.

»Habt ihr noch einen Platz für mich?«, fragte Matti. Für seine schmale Person musste nicht viel gerückt werden, schon saß er mitten im Kreis.

»Hast du denn überhaupt gegessen?« York, der Hauspuk, der sich für das meiste verantwortlich fühlte.

»Nein, ich habe geschlafen, das reicht mir völlig.«

Schweigen breitete sich aus. Bis Arto, der kleine Tont aus Estland, rief: »Professor, erzähl uns doch bitte über unsere Geschichte, die Geschichte des Kleinen Volks.«

Thorke sah sich sprachlos nach ihm um. Ausgerechnet der Schüchternste unter allen. »Jaa«, riefen alle.

»Nun, gut. Wenn ich euch langweile, sagt es.«

Alle nickten, jetzt schon gebannt.

»Es gibt viele Völker, wie ihr selbst wisst, und ihr alle habt im Stillen ständig mit den Menschen zu tun. Mal im Guten, mal weniger. Sie sind jünger als wir, uns dagegen gibt es seit Urzeiten. Unser aller Urvater ist der Urriese Kari in Norwegen. Man mag es gar nicht glauben, klein und unsichtbar, wie wir für die Menschen sind.«

Stigandr meldete sich mit erhobenem Arm wie die Kinder, die er in der Schule beobachtet hatte.

»Ja, du hast recht mit deinem Einwand, Stigandr, ihr Trolle seid groß geblieben, gehört aber auch zum Kleinvolk. In manchen Gegenden des Nordens mag man euch als liebe, etwas tollpatschige Lebewesen, an denen sich die Kinder erfreuen. Es gibt fröhliche Kinderlieder über Trolle und in allen Bibliotheken spannende Kinderbücher über ihre Abenteuer. So ist es in Schweden. Früher war es aber wohl eher wie heute in Norwegen, wo Trolle mit langen Nasen und Augen groß wie Teller dargestellt werden und als bösartig gelten. Diese finsteren Gestalten leben in tiefen Tälern und auf hohen Gebirgen. Sie sind gefährlich und unfreundlich gegenüber Menschen.«

Stigandr meldete sich wieder.

»Du bist die Ausnahme, Stigandr, aber soviel ich weiß, bist du gar nicht mehr die Einzige.«

»Und wir?«, schrie Fenrir empört und erhob sich.

»Ihr seid etwas Besonderes«, erklärte der Professor elegant.

»Sag ich doch.« Fenrir beruhigte sich und setzte sich wieder.

»Weit weg von allen Wäldern des Festlands, dafür aber in der Nähe von gefährlichen Vulkanen, Geysiren, Lavaflüssen und Eisfeldern habt ihr Klabautermänner gelernt, Schiffe zu bauen, um auf See zu überleben.«

»Jaah!« Fenrir trommelte begeistert auf seine Brust, während die anderen Klabbis ihn verwundert anschauten, zumal er ständig damit angab, Wald-Vormann zu sein.

»Ihr seid gewissermaßen Puken, Nisse, Tomtar, Tonttut und Tondid auf See. Alle verwandt miteinander. Nicht verwandt seid ihr mit Huldren und anderen Elfen. Deswegen müsst ihr euch vor ihnen in Acht nehmen, wenn ihr ihnen begegnet, vor allem vor den häufig lebensgefährlichen Huldren. Wie die Elfen gerade gestimmt sind, weiß man vorher nie. Beide zusammen richten ihre Feindschaft aber weniger gegen Menschen als gegen euch.«

Getuschel erhob sich, das hatten nicht alle gewusst.

»In Irland bin ich Elfen begegnet«, erzählte Stigandr. »Die waren ganz nett und zeigten mir Quellen, wenn ich Durst hatte.«

»Zweifellos gibt es auch die«, meinte der Professor versöhnlich. »Aber sieh dich mal an. Glaubst du, die zarten Elfen würden wagen, dich böse zu stimmen?«

»Na, ja, kann sein«, gab der Troll zu.

»York, kannst du mal zu mir kommen? Bitte«, äußerte Matti.

York erhob sich etwas verwundert und stellte sich vor ihn. Matti drehte ihn zu der Zuhörerschaft um. »Seht ihr, so sieht heutzutage ein Hauspuk aus, was natürlich auch für Hausnisse gilt. Makellos saubere Jacke, alle Knöpfe vorhanden, ebenso akkurat sitzende Hose und geputzte Stiefel. Du kannst wieder Platz nehmen, wenn du möchtest, York.«

York behielt seine gleichmäßig freundliche Miene bei, aber Thorke sah ihm an, dass das Lob ihm gutgetan hatte.

»Früher war das anders. Manche von uns galten zwar als Hausgeister, andere nicht. Mit den Hausgeistern, die im Haus hausten, war der Umgang für Menschen schwierig. Sie sorgten unter den Nachbarn für Streit. Denn häufig wurde durch den Hausgeist im Nachbarhof Heu geklaut, wenn es im eigenen Stall knapp wurde. Um ehrlich zu sein: Diese Umsicht galt weniger dem Vieh oder dem Bauern, sondern dem eigenen Vorteil: Je besser für die Tiere gesorgt wurde, desto besseres Essen erwartete der Hausgeist.«

Die Zuhörer stöhnten empört. Außer den Klabbis, die schadenfroh kicherten, weil sie diese Sorgen nicht hatten.

»Ihr braucht gar nicht so scheinheilig zu lachen, ihr Klabautermänner«, mahnte der Professor streng. »Wenn es euch an Bord nicht gefiel, vielleicht weil der Schiffer oder der Kapitän zu geizig mit den Essensrationen war, habt ihr das Schiff seinem Schicksal überlassen, und aus den gleichen Gründen zogen Hausklabbis aus und suchten sich einen großzügigeren Hofbesitzer.«

Diese Wahrheit sorgte für noch mehr Empörung in der Runde. Und Thorke erinnerte sich mit Magengrimmen an den geklauten Sand, noch kritischer war das Stehlen von Heu und Stroh des Nachbarn. Von wegen frühere Sitten!

Matti fixierte Thorke scharf. »Oder bist du anderer Meinung, Thorke? Du siehst so nachdenklich aus.«

»Nein, nein, keineswegs, Professor«, beeilte Thorke sich zu sagen. »Ich bin einfach überrascht, was du uns alles erzählen kannst.«

»Das ist gut. Aber es gab auch Schlimmeres. Da dein Vater kein Milchbauer ist, muss er nicht befürchten, dass fremde Puken oder Nisse seinen Kühen die Milch absaugen. Selten war das nicht. Was man heutzutage am wenigsten dulden würde, war das Stehlen des Geldes der Familie. Passierte auch.«

Nun wagte niemand mehr, sich laut zu äußern. Manche zogen sich die Pudelmütze über die Augen, als ob sie sich schämten. Oder sich das Lachen verbissen? Thorke war sich da nicht sicher.

»Es gibt aber auch Erfreulicheres zu berichten«, fuhr Matti versöhnlich fort. »So wie die Menschen haben auch wir uns geändert. Wir klauen weniger und üben weniger Streiche aus.«

Leises Kichern kam wieder auf.

»Die meisten Menschen, die überhaupt von uns Kenntnis haben, leben hier im Norden, die in südlichen Ländern haben ganz andere Geister und Schreckensgestalten. Deswegen spreche ich nur von denen, die hier versammelt sind. Unsere Thorke hier ist ein gutes Beispiel für Menschen mit Verständnis für das Kleine Volk. Früher war es undenkbar, dass jemand wie sie uns sieht und mit uns redet.«

»Das ist auch jetzt völlig überflüssig«, warf Fenrir ein.

»Na, na«, mahnte Brandur.

Thorke äußerte sich nicht. Sie und Fenrir würden nie Freunde werden.

Der Professor schüttelte nur milde den Kopf über Fenrir. »Zum besseren Verständnis zwischen dem Kleinvolk und den Menschen trug bei, dass wir immer kleiner von Wuchs wurden und uns so besser verbergen konnten. Stellt euch nur vor, wir alle hätten heute die Ausmaße von Stigandr, wir würden die Bauernhäuser sprengen und die Boote zum Kentern bringen.«

Gelächter brandete bei dieser Vorstellung auf.

Arto hielt es nicht mehr auf seinem Platz. Thorke hatte schon seit einiger Zeit beobachtet, wie unruhig er war. Und jetzt sprang er auf. »Professor Matti, Ihr habt so gar nichts über uns Tondid aus Estland gesprochen. Hat das einen Grund?«

Alle wandten sich ihm zu.

»Ja, es hat einen ernsten Grund. Leider meinte die estnische Bezeichnung Tont meistens einen bösen Geist, der wie der Kratt, ein anderer Hausgeist in Estland, Milch und

45

Butter bei Nachbarn verdarb sowie Geld, Schinken, Erbsen, Grütze und Leinwand stahl. Unter den Tondid kannte man Wald-Tondid und Wirtsu-Tondid, die an einem See lebten, der so heißt. Tondid, die bei Dreschscheunen lebten, konnten die Gestalt verschiedener Tiere annehmen.«

Von Arto kam ein leises Schluchzen. Thorke hatte sehr wohl wahrgenommen, wie respektvoll Arto den Professor ansprach, sogar in der dritten Person, ähnlich wie sie Gunilla. Das war verwirrend. Wusste er etwas anderes als sie über Matti? Sie lief um den Sitzkreis herum und nahm Arto tröstend in den Arm.

»Arto, ich bin ganz sicher, dass du nie zu den zwielichtigen Tondid gehört hast. Weißt du etwas über deine Eltern?«

Arto schniefte noch ein wenig. »Ja. Wir wohnten über der Wohnstube unserer freundlichen Menschen und halfen ihnen, Kühe von der Weide zu holen, melken und Heu machen. Jeden Tag bekamen wir als Dank eine Schale Milch oder Suppe, alles großzügig. Aber eines Tages brannte das Haus ab, und unsere Menschen verschwanden. Wir haben nie mehr etwas von ihnen gehört.«

»So ist es wohl vielen gegangen«, seufzte der Professor. »Es waren unfriedliche Zeiten. Es gab dann in Estland auch noch den Pük, das war der freundlichere Name für den Hausgeist, aber auch er stahl. Der Allerschlimmste war der Kratt, in Schweden kennen sie ihn auch, da heißt er Skratt.

Wegen der Wirrungen im Land zogen sich Tondid, Püken und Kratt tief in die Wälder zurück und sind heutzutage fast vergessen. In den Erzählungen der Menschen wurden sie durch einen unscheinbaren Kobold namens Päkapikk abgelöst.«

»Den gibt es nicht«, warf Arto ungehalten ein.

»Warum das?«, fragte Thorke.

»Doch, Arto.« Gegenüber Thorke zögerte der Professor mit der Antwort. »Es gibt Menschen, die die Geschichte von Völkern stehlen.«

Ein lautes, empörtes Raunen in der Runde hielt Matti einen Augenblick davon ab weiterzusprechen.

»Sie schreiben diese sogar um, um die verleumdeten Völker ins Unrecht zu setzen und ihr eigenes Volk in besseres Licht zu rücken. Es scheint, als ob das den Tondid und Kratt passiert wäre. Wollt ihr noch mehr wissen?«

Brandur, der sich offensichtlich inzwischen als Sprecher der ganzen Gruppe verstand, erhob sich. »Wir sind sehr geehrt, Herr Professor, dass du uns für würdig …«

»Quatsch!«, fuhr Fenrir dazwischen.

»… hältst, mehr über unsere Wurzeln zu erfahren. Das hat noch niemandem geschadet, am wenigsten einem Wald-Vormann.«

»Gut gesprochen, Brandur. Ich beginne also ganz von vorn. In Vorzeiten gab es bei den Esten den Gott Tara, manche halten ihn für den obersten Gott, andere nicht. Tara untergeordnet waren alle Haus-, Garten-, Feld- und Wiesenbeschirmer, also wir. Als die christlichen Mönche im Land missionierten, haben sie den Tara-Dienst ausgerottet – viel später kamen die evangelischen Herrenhuter, die alle Sagen und damit die Erinnerungen an früher tilgten. So verschwanden die Kleinvölker aus Estland.«

Thorke sah sich die Gesichter ringsum an. Viele waren wütend darüber, wie die Menschen gegen die Geschichte der Tondid vorgegangen waren, andere betroffen. Manche mochten auch darüber nachdenken, dass dieser Prozess womöglich noch anhielt – gegen weitere Kleinvölker.

»Eines muss ich noch hinzufügen. Die estnischen Kleinvölker galten bei allen anderen insgesamt immer als wilder, gewissermaßen als urwäldlerisch. Komfort gab es da draußen im Wald eben nicht. Keine Milch und Suppe. Tut mir leid, Arto.«

Arto nickte und löste sich aus Thorkes Umarmung. Matti machte eine kleine Pause, bevor er fortfuhr: »Damit will ich aber meinen Vortrag beenden, bevor ihr mir noch einschlaft.«

Protest kam von allen Seiten. Schließlich fasste Brandur ihn zusammen. »Wir haben noch so viele Fragen an dich, Professor. Hoffentlich bist du nicht zu müde.«

»Oh, wenn ich über das Kleinvolk sprechen kann, werde ich nie müde. Ihr werdet eher einnicken als ich, wetten?«

Kapitel 10

Über das Kleinvolk sprechen. Das war ein Stichwort, auf das Thorke gewartet hatte. Sie würde einen Blick ins Schlafzimmer der Eltern werfen, um sich zu vergewissern, dass alles in Ordnung war. Nach Erks Vorstellungen.

Statt sich auf ihren vorherigen Platz zu setzen, entfernte sie sich leise und schlug sich dann in die Büsche, um durch den Hintereingang ins Haus zu schleichen. Aus irgendeinem Grund machte Matti sie unsicher, aber sie wusste nicht, warum. Er war ja nett und gebildet, aber auch schonungslos und rücksichtslos, wie Arto gegenüber.

»Oh, nein«, keuchte sie, als die Tür erst ein Spalt offen war. Sie sah ein einziges Chaos im Gegensatz zur geordneten Andersordnung durch Erk.

Die Zweige, mit denen das Himmelbett abgedeckt worden war, waren heruntergerissen und in eine Ecke gepfeffert. Das Bett war mit den einstmals gebügelten und von Erk ordentlich zusammengelegten Vorhängen abgedeckt, die jetzt völlig zerknittert und fleckig waren. Auf dem Nachttisch lag ein Buch aufgeschlagen auf dem Bauch, eine Misshandlung, die Thorke überhaupt nicht leiden konnte. Sie drehte es um und las den Titel: »Die estnischen Tundid in Zeiten des Umbruchs.«

Der Gehstock, den Matti nicht mitgenommen hatte, lehnte an der Kommode und war im Begriff, abzurutschen und auf einem Eimer mit Dreckrand zu landen. Thorke bewahrte ihn gerade noch davor. Als sie ihn auffing, spürte sie im Griff ein Vibrieren, eine Art Klappern. Er schien hohl zu sein und etwas im Inneren zu verbergen. Sie versuchte es mit Ziehen und Drehen – nichts passierte. Schließlich entdeckte sie einen fast unsichtbaren Knopf, den sie drücken konnte. Der Handknauf ließ sich nun abziehen und gab ein langes Messer im Inneren frei, eher ein Bajonett. Das löste Angst in Thorke aus. Wer war Matti? Sie versuchte, sich zu beruhigen, und wandte sich dem nächsten Gegenstand zu, der ihr auf Anhieb nicht erklärbar schien.

Das war ein Eimer vor der Kommode, aus dem es vernehmlich roch. Thorke wagte einen Blick hinein und zuckte zurück. Eine lange braune Wurst kringelte sich in einer gelben Pfütze. Sie warf den danebenliegenden Deckel drauf. Außerdem war das Handwaschbecken geleert, das Parfüm-Duschmittel-Gemisch vermutlich aus dem Fenster geschüttet. Ein rosa Rand war zurückgeblieben.

Thorke lehnte sich an die Wand. Ihr kamen die Tränen. Welch geheimnisvolles, möglicherweise gefährliches Wesen hatte sie ins Haus gelassen? Und wie sollte sie hier rechtzeitig bis zur Rückkehr der Eltern Ordnung schaffen?

Im Flur raschelte es. »Ich sah dich hochgehen«, sagte York.

»Sieh dir das an!«, schniefte Thorke. »Unter dem Deckel.«

»Ich roch es schon auf der Treppe.« York klopfte ihr ermutigend auf den Rücken. »Mach dir nichts draus. Ich rufe nachher unauffällig drei Freunde aus der Runde, und wir beseitigen die Schweinerei. Danach schließen wir die Tür ab. Wir haben Zeit genug, denke ich. Matti redet und redet.«

»Schafft ihr das? Soll ich helfen?«

»Nein, du waltest deines Amtes als Gastgeberin. Und heute Abend, noch wenn die Runde beisammen ist, verkündest du, wo alle schlafen werden. Das gilt für Matti genauso wie für *tant* Gunilla.«

»Danke, York. Ein Glück, dass du hier bist!«

»Wo sonst sollte ich wohl sein? Übrigens, was den Professor betrifft ... Ich muss dich vor ihm warnen.«

Thorke nickte stumm.

＊

Während York weiter seinen vielen Pflichten nachging, blieb Thorke noch im Schlafzimmer. Was war nur los mit dem Professor? Keiner der Nisse, die Thorke befragt hatte, kannte ihn. Unterrichtete er überhaupt in Tondern? Oder forschte er ohne Studenten?

Sie trug in Gedanken zusammen, was sie bisher über ihn wusste. Eigentlich nur, dass er Feen für gefährlich hielt, vor allem Huldren. Und das war Allgemeingut, dafür musste man nicht Professor sein. Außerdem war er bewaffnet. Er hatte offenbar Angst und wollte sich verteidigen können. Gegen wen? Oder angreifen? Wen?

Noch rätselhafter für Thorke war, dass er alles, was er in der Runde über das Kleinvolk in Estland erzählt hatte, erst selbst nachgelesen hatte. Dabei hatte er sich als Fachmann gegeben. Und wieso ausgerechnet über die Tondid, die es dem Anschein nach doch fast nicht mehr gab?

＊

Als Thorke die Treppe hinunterkam, stand York in der offenen Haustür und polierte den Messingklopfer. Sie blieb abrupt stehen, als draußen Fenrir auftauchte und York ins Visier nahm.

»Kein guter Ort hier für Puken, oder?«

York wirbelte mit dem Putzlappen ein wenig Luft auf, und Fenrir trat naserümpfend einen Schritt zurück.

»Doch. Der beste. Die Frau singt wunderschön, wenn sie zum Üben hier ist. Und der Bauer macht die leckerste Grütze weit und breit, das finden sogar die Nisse auf der anderen Seite der Süderau. Die kommen öfter mal vorbei, wenn sie drüben schnuppern, dass der Bauer Kipferl backt, und dann bringen sie uns dänischen Streifenkuchen mit.«

»Kipferl, pah! Dummes Geschwätz«, murmelte Fenrir und wollte weiterschlendern.

Aber schon saß Kipferl, der Hund, vor ihm und erwartete schweifwedelnd eine Belohnung.

»Hilfe!«, schrie Fenrir und trat rückwärts.

Thorke übersprang mehrmals zwei Stufen, bis sie unten war. »Er ist ganz lieb, Fenrir, du brauchst keine Angst vor ihm zu haben.«

»Ich habe keine Angst«, widersprach er großspurig. »Ich bin allergisch gegen Hundehaare.«

Thorke grinste und lockte Kipferl zu sich. Allergie war offenbar eine allgemeine Ausrede für Angst. »Ich verstehe.«

Sie hörten beide Brandur aus der Ferne rufen: »Achte endlich auf die Feuerstelle, Fenrir! Es frischt auf.« Dann düste er mit verärgerter Miene um die Ecke.

»Na, und?«

Beide Klabbis liefen Richtung Boot. Sollte Fenrir trotz Brandurs Warnung dort doch noch ein Feuer angefacht haben?

York wienerte ein letztes Mal den Klopfer, bis er glänzte. »Thorke, nimm dich in Acht vor dem Professor«, flüsterte er. »Ich habe dich ja schon gewarnt. Aber jetzt weiß ich mit Bestimmtheit, dass er kein Nisse ist und auch nicht aus Tondern in Dänemark. Und ob er wirklich ein Professor ist, hat niemand sagen können. Jedenfalls ist er nicht, was er vorgibt.«

»Mit wem sprichst du denn überhaupt über ihn?«

»Kann ich dir nicht sagen, ich habe Stillschweigen versprochen.«

»Ja, ist gut, York, ich werde vorsichtig sein«, versprach Thorke mit einem unhörbaren Seufzer. Der Streit zwischen Fenrir und Brandur, ein geheimnisvoller bewaffneter Professor, dazu die verschwundenen Tomtar. Was hatte sie nicht alles am Hals außer dem Kochen von zwei Schalen Grütze, wie Mams meinte! Es wurde auch Zeit, die Fähnchengirlanden im Internet zu bestellen, mit denen die Weihnachtsbäume in den Ländern des Kleinen Volks geschmückt wurden. Sie setzte sich an den Rechner.

✳

Mehr als Matti beschäftigten die verschwundenen Tomtar Thorke. Sie lief York nach, der zum Geräteschuppen gegangen war. »York, wir sollten eine kleine Konferenz abhalten, um uns zu überlegen, was mit den Tomtar passiert sein kann und was wir tun können. Was hältst du davon?«

»Das könnte hilfreich sein. Wen soll ich holen?«

Thorke schmunzelte, weil er sie so gut durchschaute. »Ich denke an Thore, der hat als Schweden-Tonttu mehr Kenntnisse von Tomtar als wir anderen. Gunilla nicht, die ist zu befangen und zu nervös. Stigandr, außerdem solltest du und ich dabei sein.«

»Wann? Wo?«

»Jetzt gleich. Im Wohnzimmer.«

York nickte und machte sich in den Wald auf, Thorke ins Wohnzimmer.

Dort sah es so unwirtlich aus wie gewohnt. Es dauerte nicht lange, bis alle mit sorgenvollen Gesichtern eintrafen. Thorke erklärte ihr Anliegen.

Thore meinte sofort, dass ein starker Sturm sie habe abhalten können, weil die Käuzchen dann nicht flögen.

Nicht unwahrscheinlich, dachte Thorke.

»Und du, Stigandr?«

»Die haben schulfrei! Oder fangen gerade Langusten.«

»Das kommt wohl weniger infrage. Ich glaube, in schwedischen Gewässern gibt es gar keine Langusten. Und du, York? Was meinst du?«

York putzte sich Stäubchen von der Jacke und dachte lange nach. »Arto hat doch solche Angst. Matti auch. Aber vor wem? Könnten die Tomtar nicht von der gleichen Angst befallen sein und nicht zu reisen wagen?«

»Das wäre eine Erklärung. Aber was könnte denn eine so übergreifende Angst auslösen?«

Ratlosigkeit spiegelte sich in den Gesichtern.

»Mir fällt nur noch ein, dass die Käuzchen krank sein könnten. Unsere Hühner waren es einmal, und wir mussten … uns von ihnen trennen.«

»Schlachten«, erklärte York den anderen.

»Das gibt es beim Kleinvolk nicht. Die schlachtet niemand.«

Thorke sah Thore empört an und merkte dann, dass er versuchte, die gedrückte Stimmung aufzuheitern. »Thore! Hühner schlachten, nicht das Kleinvolk!«

»Vielleicht sind sie im Tivoli in Kopenhagen und amüsieren sich.«

»Sicher nicht. Aber ich glaube auch nicht wirklich, dass Käuzchen krank sind. Ich fürchte, dass wir keine Ahnung haben. Wir müssen jemanden nach Lund schicken.«

Kapitel 11

Tant Gunilla rückte ihre modisch eng gestrickte Mütze zurecht, während sie aus dem Haus trat. Sich schick zu machen, vergaß sie anscheinend nie. Als alte Dame hatte sie den Vorzug gehabt, Thorkes Zimmer belegen zu dürfen, während die Vorbereitungen für den Empfang der übrigen Gäste getroffen wurden. Thorke hatte sich mit dem kahlen, harten Sofa in der Dörns begnügt.

»Ausgeschlafen, *tant* Gunilla?«, erkundigte sich Thorke freundlich.

»Oh, ja. Danke der Nachfrage. Wo sind die anderen?«

»*Tant* meint die Tomtar? Die sind noch nicht da«, antwortete Thorke betreten.

»Wie?«, rief Gunilla verstört. »Dann muss ihnen etwas passiert sein! Wer fliegt am schnellsten nach Schweden, um nachzusehen? Ein Puk oder ein Nisse? Du kennst die Puken besser als ich, Thorke. Spricht einer Schwedisch?«

Thorke schüttelte den Kopf. »Ich weiß es nicht. Plattdeutsch, Sönderjysk, Friesisch. Aber Schwedisch? Ich glaube nicht.« Den Professor erwähnte sie lieber nicht.

»Dann eben ein Nisse, wenn es nicht anders geht. Ich halte sie nicht unbedingt für zuverlässig.«

»Ejvind«, rief Thorke und hielt ihn mit einer Handbewegung auf, als dieser gerade vorbeieilte. »Kann einer von euch Schwedisch sprechen?«

»Am besten Schonisch«, warf Gunilla ein.

Ejvind dachte nach. »Wenn einer, dann Kjell, der wohnt

in Kopenhagen und kann sich bestimmt mit Schonen verständigen.«

»Wir hatten schon Fälle, da mussten wir Puken bitten, zwischen Nisse und Tomtar zu übersetzen«, warf Gunilla spitzzüngig ein.

Fenrir, der sich wie üblich dort befand, wo nicht gearbeitet wurde, kicherte unverschämt.

Ejvind zuckte die Schultern. »Kjell!«, brüllte er.

Kjell rutschte vom Dach des Schuppens herunter. »Musste Löcher stopfen, die Bock gemacht hatte.«

Die Nisse waren die Spezialisten in Reetarbeiten, wie Thorke wusste. Das Dach war jetzt wieder makellos, die Stopfstellen erkannte man daran, dass sie heller waren.

»Kannst du Schonisch sprechen?«

»Nein, aber ich verstehe es ganz gut.«

»Dann ruf deine Möwe und flieg los«, befahl Gunilla. »Tomtar suchen!«

Kjell murrte. Doch bevor er sich dazu äußern konnte, rannte Brandur mit wild rudernden Armen aus dem Wald heraus zu Thorke. »Es kommt ein Sturm auf. Wir müssen sofort Segel reffen. Aber wo sind die?«

Fenrir stemmte die Hände in die Hüften. »Ich habe dir doch gesagt, dass ich sie neben der alten Eiche abgelegt habe.«

»Bei Karis Bart! Was sollen sie da, wenn man sie mal reffen muss«, ereiferte sich Brandur.

»Aber meine Tomtar«, rief Gunilla verzweifelt. »Wir müssen sie sofort suchen!«

»Die müssen warten. Das verstehst du doch, Gunilla. Erst muss dieser Hof vor Sturmflut, Landunter, Vulkanausbrüchen, Lavaströmen, Lawinen und Geysiren gerettet werden. Ich spüre den anrauschenden Sturm bis in meine Stiefelspitzen«, rief Brandur, zutiefst beunruhigt.

»Für Waldsegeln bin ich zuständig«, quengelte Fenrir eifersüchtig, um dann gewichtig fortzufahren. »Leute, kommt her! Ich teile euch die Arbeiten zu. Kein Widerspruch!«

Während Fenrir sich mit einem tiefen Schluck aus seiner Taschenflasche stärkte, wurde im und um den Hof herum Alarm geblasen, keuchten Tonttut, Nisse, Puken und Klabbis herbei, stellten sich im Halbkreis auf und warteten auf die Anweisungen.

Fenrir musterte sie ernst. »Es gilt, diesen Hof vor einem schweren Sturm zu retten. Wir müssen jetzt alle zusammenarbeiten, um den Lorenzens zu helfen. Jonne.«

»Hier.«

»Ejvind.«

»Hier.«

»Thore.«

»Auch hier.«

»Gut. Ihr Tonttut fällt Bäume, schöne gerade Stämme, die die Puken um das ganze Anwesen herum aufstapeln. Die Wassermassen werden bei Landunter gegen die Stämme anbranden und keinen Schaden anrichten.«

»Wir haben hier im Wald doch kein Landunter«, rief Thorke dazwischen.

»Sei still, Frau.« Fenrir interessierte sich nicht im Geringsten für ihren Einwand. »Die Nisse besorgen Reet, um das Dach aufzudoppeln. Notfalls trägt es uns, wenn das Haus absäuft und das Dach zum Festland treibt.«

»Aber da sind wir doch!«, schrie Thorke, jetzt aufgebracht. »Nicht auf einer Insel!« Thorke wusste nicht mehr, wie sie sich noch verständlicher machen konnte. Fenrir war ja wie unter Drogen. Aber als sie Brandurs Blick suchte, wich dieser aus. Offensichtlich rechneten sie in dieser Lage beide mit allem. Man musste sie gewähren lassen.

Asgeirr, einer der Klabbis aus Fenrirs Gefolgschaft, trat vor. »Und wir, was machen wir?«

»Ihr baut gleich, wenn die Gefahr vorbei ist, die Baumstämme wieder ab, damit hier keine Schiffe auflaufen, weil die Palisade bei steigender Flut unter der Wasseroberfläche liegt und unsichtbar ist. Vergesst nicht, wir haben keine Seezeichen zur Warnung vor Untiefen an Bord.«

»Kardinalzeichen«, murmelte Brandur zur seemännischen Aufklärung aller. Aber es interessierte niemanden.

»Aufbauen, abbauen«, wiederholte ein junger Klabbi, um sich die Reihenfolge zu merken. Er hüpfte tatendurstig auf der Stelle.

»So machen wir's.« Und an Thorke wandte Fenrir sich mit gönnerhafter Miene. »Du siehst, wir haben alles im Griff.«

Thorke hatte es völlig die Sprache verschlagen.

✳

Die Tonttut fällten in einer Geschwindigkeit Bäume, die die Puken kaum verarbeiten konnten. Schweißtriefend schleppten sie Baumstämme, eine Arbeit, die im Haus nie anfiel. Einige Tonttut gingen ihnen großherzig zur Hand, als sie die Schwierigkeiten der Hauspuken erkannten, ein wenig spöttelnd, aber nicht beleidigend. So schafften sie es, schöne, gerade Palisaden zu errichten.

Die Nisse hingegen machten sich auf, um an der Süderau, der Wiedau und anderen flachen Gewässern Reet zu schneiden, zu bündeln und auf dem Dach festzunähen. Sie hatten erfahrene Dachdecker bei sich, und Reetdachleitern mit Einhängedorn und Tau zum Festnähen hatte Kjell längst im Geräteschuppen ausfindig gemacht.

Es war tiefdunkle Nacht, als sie endlich in ihre Kojen krochen und es still wurde. Da lag Thorke längst im Bett.

Kapitel 12

$\mathcal{D}$ie Bäume wiegten sich und rauschten, gelegentlich schlug ein Zweig gegen ein Fenster, vermutlich oben im Giebelzimmer, wo York schlief. Es schneite, und die Kälte füllte die dem Wind ausgesetzten Sprossenfenster mit Kondenswasser.

Thorke räkelte sich gemütlich in ihrem Bett. Der Sturm war nicht eingetroffen, der Wetterbericht hatte für das Küstenland nur Windstärke 5 vorhergesagt, also nicht einmal Starkwind. Sie dachte darüber nach, wie sie die Weihnachtstage verbringen würden, wenn das Kleinvolk wieder abgereist war. Mams würde viel singen und von ihren Konzertreisen erzählen. Sie selbst freute sich darauf.

Plötzlich fuhr sie in die Höhe und stürzte ans Fenster. Das Kleinvolk hatte bis in die Nacht fleißig gearbeitet, gesägt und gehämmert. Bevor sie sich schlafen gelegt hatte, war ihr Wohnhaus von Baumstämmen umgeben gewesen, als hätte das Kleinvolk ein Blockhaus drumherum gebaut. Nur eine Seite war bogenförmig ausgefallen und ähnelte eher einem Bootsrumpf. Vermutlich Klabbiarbeit. Unter einer Palisade hatte Thorke etwas anderes verstanden.

Aber das machte sowieso nichts, denn heute früh im Dämmerlicht sah sowieso alles wieder ganz anders aus.

Alle Baumstämme waren abgebaut worden und ordentlich am Waldrand aufgestapelt, Rindenstücke und klein gesägte Äste auf einen Haufen gekehrt. Wie hätte es nur ausgesehen, wenn sie tatsächlich Sturm gehabt hätten? Fenrir, der Waldsegler, war ja uneinsichtig, und Brandur hatte im Wald nichts zu sagen.

✳

Auf einmal brach Lärm los. Und als Thorke in das Zwielicht blinzelte, waren alle Nisse, Puken, Tonttut und Klabbis vor den Baumstämmen aufgereiht und klopften rhythmisch mit Ästen auf die Hölzer. Sie schauten zu ihr hoch.

Allmählich verstand Thorke, was sie riefen: »Grütze, Grütze, Grütze!« Sie musste lachen. Natürlich hatten sie für die harte Arbeit eine Belohnung verdient. Aber die Grütze war nun einmal dem Julfest vorbehalten. Das musste sie sofort klären.

Thorke polterte die Treppe hinunter und öffnete die Tür. »Liebe Leute«, rief sie, »es ist toll, wie ihr den Hof vor dem Wegschwimmen gerettet habt. Aber heute ist weder Weihnachten, noch ist die Grütze fertig. Es gibt zur Belohnung Alltagskost. Aber reichlich.«

Ein leises Murren machte sich breit. Nur Fenrir, der Thorke vielleicht gar nicht verstanden hatte, schwenkte seine Flasche und rief: »Skål!« Sie kümmerte sich nicht um ihn, sondern rief erneut die Sprecher der Familien zu sich und erklärte ihnen, was sie von ihnen erwartete.

✳

Kaum war Thorke fertig, fuhr auf dem Hof der weiße Kastenwagen der Gemeinde mit der Aufschrift »Gemeinde Wiedbüll«, vor. Thorke kannte die beiden Arbeiter, die ausstiegen.

»Wir müssen mit deinem Vater sprechen, Thorke. Ist er schon zu Hause?«

»Nein. Er ist in Urlaub, zusammen mit meiner Mutter.«

Der eine, namens Bror, sah sich fast zudringlich um. »Ihr habt den Hof gut abgestreut. Frischen Sand gekauft?«

»Das weiß ich doch nicht. Außerdem, was geht dich das an? Am besten fragst du Paps.«

»Das versuche ich ja gerade. Jetzt frage ich dich. Habt ihr einen Sandvorrat im Stall?«

Thorke schüttelte stumm den Kopf.

»Eine Frau, deren Haus gegenüber der der Gemeinde gehörigen Vorratskiste von Streusand steht, behauptet, ein Hund hätte einen Eimer Sand davongetragen. Schwebend über dem Rücken.«

»Kann ich mir nicht vorstellen. Wahrscheinlich sieht sie Gespenster«, fiel Thorke ein.

»Haben wir auch gefragt. Sie war gerade beim Augenarzt und braucht keine Brille.«

»Dann weiß ich auch keine Erklärung«, stieß Thorke angefressen aus. »Kümmert euch doch selbst um euren Sand!«

»Wir sprechen uns noch«, drohte Bror in verhaltenem Ton, der Thorke umso mehr Angst machte. Er stieg ins Auto, und die beiden Männer fuhren davon.

✳

Bei so viel Vorbereitungen für ein Essen, das gerade im Stall stattfinden sollte, blieb es nicht aus, dass auch ein Hund dort herumwuselte. Thorke fing ihn ein. »Kipferl, du hast doch mit Hark den Sand zum Abstreuen unserer Wege geholt.«

Das Bärchen wedelte bejahend. »Natürlich. Hark kannte den Kasten nicht. Er wollte zu einer weiter weg liegenden Straße laufen.«

»Vielleicht wäre es besser gewesen«, überlegte Thorke. »Jetzt sind sie hinter Paps her.«

Kipferl kratzte sich nachdenklich am Rücken. »Soll ich

noch weiter weg Sand aus den Kisten fortschaffen? Dann glauben sie, dass ein Sanddieb unterwegs ist, und mit euch hat es nichts zu tun?«

Thorke umarmte ihn herzlich. »Lass es, Bärchen. Paps wird es den Gemeindearbeitern gegenüber wahrscheinlich sowieso zugeben, weil ich schon immer der Übeltäter war, wenn einer gesucht wurde. Aber danke.«

✳

Danach eilte Thorke in die Vorratskammer, um das Alltagsessen vorzubereiten. Paps hatte in weiser Voraussicht angenommen, dass Unvorhergesehenes eintreten konnte. Manches hatte er sogar im Internet bestellt. Jetzt musste sie in Windeseile schnippeln, auf Tellern und Schüsseln anrichten und die Mikrowelle anwerfen. Aus dem Backofen dampfte es, auf der Herdplatte blubberten Soßen, die Kaffeemaschine gurgelte.

Mitten in ihrer hektischen Arbeit füllte Stigandr den Türrahmen aus und schaute neugierig herein. »So viele Geräte. Darf ich hereinkommen und zugucken? Bisher habe ich immer nur eine Schreibtafel gesehen. Langweilig. Die Bäume stehen im neuen Stall.«

»Du darfst natürlich hereinkommen.« Thorke wischte sich den Schweiß von der Stirn. »Dieses Essen war nicht vorgesehen, aber mein Vater hat vorgesorgt.«

Stigandr kam näher und schnupperte über Schüsseln und Töpfen. Dann bemerkte er einen Riesenberg Krabben auf dem Tresen. »Soll ich die schälen und den Darm entfernen? Ich bin darin blitzschnell.«

»Wirklich?«, fragte Thorke ungläubig. »Ich denke, du isst nur Pilze, Beeren und Grünzeug.«

Der Troll wand sich. »Nicht nur.«

»Ja, dann schäl, was das Zeug hält.«

Stigandr ließ sich das nicht zweimal sagen, streifte die Ärmel seines Pullovers hoch, der genau so löchrig war wie die Weste, stopfte den Schwanzpuschel in die Tasche, damit er nicht staubte, und legte los.

Trotz seiner großen Hände war er wirklich ein Phänomen im Krabbenpulen. Thorke überließ ihn seiner Arbeit und ging in den Stall. Dort war im Stallgang ein langer Tisch mit Bänken auf beiden Seiten aufgebaut. Unter Yorks Anleitung waren Holzteller und Löffel auf duftendem Heu aufgestellt, und das ganze Kleinvolk wartete schwatzend und gut gelaunt auf das Essen.

Jede Gruppe war bestimmte Speisen gewohnt, und die verantwortlichen Sprecher begannen mit ihren Helfern aufzutragen.

Am einfachsten waren die Klabbis zufriedenzustellen. Es war bekannt, dass sie Süßes in jeder Form mochten, Pudding, Kuchen, Kekse, Süßspeisen. Im Gegensatz zu Fisch.

»Her mit den Kipferln«, lallte Fenrir.

Nanu, die hatte er doch vor Kurzem noch als lächerlich abgetan, fiel Thorke ein. Dabei hatte Paps die unbedingt nötigen frischen Mandeln selbst im Mixer gemahlen. Überaltertes Mandelpulver kam ihm nicht in den Teig. Aber als Brandur die Schüssel vor Fenrir stellte, fiel Fenrir von der Bank und blieb schnarchend im Stroh liegen.

Die Nisse bekamen *smørgås* mit Porren oder geräuchertem Aal, die Tonttu Rentierkäse in Scheiben. Paps war es gelungen, den wie immer in die Mongolei ausgeführten finnischen Käse zurückzukaufen. Dazu benötigten die kleinen Finnen heißen Kaffee zum Tunken des Käses. Und da die Tomtar noch nicht da waren, teilten sich Gunilla und Loke eine ganze Schüssel Flusskrebse. Den dazugehörigen Aquavit hatte Thorke allerdings in ihrem Schlafzimmer versteckt.

Stigandr würde am schwierigsten zufriedenzustellen sein. Im Sommer aß er alles, was grün aus dem Boden schoss, im Winter war es karg, und es blieben ihm nur trockene Tannenzapfen. So stellte sich Thorke zumindest sein Essen vor.

Er saß bescheiden am Tischende auf einer kräftigen Gartenbank, neben sich Arto, und wartete auf Thorke. Sie wusste nicht genau, ob sie ihm wirklich Krabben vorsetzen sollte. Bei seinem Ruf. Als sie bei ihm ankam, fragte er: »Hast du vielleicht ein paar Langusten für mich? Ich esse sie das ganze Jahr über. Ich bin doch Veganer.«

»Veganer«, wiederholte sie verblüfft. »Ich habe für dich Fischsoße in Buttermilch vorbereitet. Hat mir Paps aufgeschrieben für den Fall, dass jemand aus Norwegen kommt.«

»Ja, die schmeckt mir als Vorspeise!«, rief er freudig. »Und vielleicht doch ein paar norwegische Langusten oder notfalls Austern?«

Thorke schlug sich gegen den Kopf. »Austern! Die habe ich ganz vergessen.«

Bis auf die Austern hatte bisher alles wunderbar geklappt. Aber Thorke bemerkte doch, dass alle außer dem schlafenden Fenrir begehrliche Blicke auf die Speisen der Nachbarn warfen. Ihr kam eine Idee. Sie wedelte mit den hocherhobenen Händen, um sich bemerkbar zu machen. Allmählich schwiegen alle. »Ihr Lieben, warum tauscht ihr nicht einfach Speisen, wenn ihr die der anderen kosten möchtet. Das ist doch die Gelegenheit!«

»Juchhu!« Die Begeisterung kannte gar kein Ende. Viele sprangen sogar auf die Bänke und hüpften in die Höhe. Danach rannten sie um die begehrliche Speise. Im Grunde waren sie so bescheiden, dass sie nicht gewagt hatten, einen Tausch vorzuschlagen.

Thorke bat nochmals um Ruhe. »Und da mir Stigandr der Kräftigste unter uns zu sein scheint, möchte ich ihn bitten, mit mir zusammen die Austern zu holen. Mein Vater hat uns drei Eimer hingestellt.«

Sie jubelten noch lauter. Zugleich mit ihr und Stigandr verließ York den Stall. Thorke sah ihrem rennenden Hauspuk nach. Er holte die Austernmesser und würde gleich Stigandr die Austern zeigen. Derweil eilte sie kurz nach unten in den Halbkeller, um die Langusten aus der Gefriertruhe zu holen.

Paps hatte die Austern vor seiner Abfahrt in Seewasser eingelagert, zwei Tage später hatte Thorke das Wasser abgegossen und sie trocken aufbewahrt. Das konnten sie ab, denn bei Ebbe fielen diese Felsenaustern auch stundenlang trocken.

Stigandr hatte schon zwei Eimer hereingeschleppt und holte dann den dritten. Im Nu stand eine Schlange von Austerninteressenten vor Stigandr. York öffnete sie gekonnt, schnitt den Fuß der Auster los, Stigandr beträufelte das Fleisch behutsam mit Zitronensaft und reichte die gefüllte Austernschale weiter.

Als alle zufriedengestellt waren, setzte er sich, vor sich eine Languste. York hatte ihm ein Küchentuch besorgt und auch die aufgetaute Languste geholt. Ohne Scheren wie Hummer, aber mit sehr langen Antennen, war sie für Thorke ein ungewohnter Anblick. Stigandr legte geübt das Schalentier mit dem Rücken auf das Tuch, schnitt es von der Bauchseite auf und legte Arto das rötliche Fleisch vor. Der Junge hieb abenteuerlustig drein.

»Ihm schmeckt's«, rief Stigandr der vorbeieilenden Thorke zu. »Jetzt wird er auch Veganer.«

Thorke grinste und füllte in einer Ecke des Stalls eine Schüssel mit Essen für das Kipferl, und der machte sich heißhungrig darüber her, nicht ohne seinen Dank zu wedeln.

Inzwischen wartete bei den Klabbis auch eine lange Schlange von Interessenten für Süßes. Und der sonst so bescheidene Esser Matti hatte einen Haufen Austernschalen vor sich liegen. Der Abend war ein voller Erfolg für Thorke und ihren Vater.

✳

Als alle ermattet die Teller von sich schoben, riefen sie wie aus einer Kehle: »Tack för maten!« – Danke für das Essen.

Nur Gunilla schien nicht im Geringsten nach einer Pause zu verlangen. Sie kraxelte über den Rücken ihres Nachbarn Jonne, stellte sich auf den Tisch, stemmte die Arme in die Seiten und rief vernehmlich: »So, und was ist jetzt mit den Tomtar? Schämt ihr euch nicht, noch nicht nach ihnen gesucht zu haben? Sie sind eure Vettern, sind vermisst oder gar verloren gegangen oder in Gefahr. Und ihr sitzt hier, schmatzt und schwatzt, als ob sie euch gleichgültig wären.«

Betretenes Schweigen folgte. Thorke tat es leid um die gute Laune, die mit einem Schlag verschwunden war, aber Gunilla hatte ja recht.

Kapitel 13

Wer von euch war noch mal Kjell?« Gunillas Blick streifte über die Nisse, aber sie erkannte ihn nicht wieder.

Kjell erhob sich, ein vierschrötiger junger Mann mit kräftigen Armen.

»Ach, du bist das. Dir danke ich für das Stopfen des Daches. Bock ist häufig eigensinnig. Aber jetzt musst du unverzüglich losfliegen und meine Tomtar suchen. Du findest sie in Lund. Lund, ein Begriff?«

»Klar doch. Gegenüber Kopenhagen. Da holen wir immer Lakritzlutscher.«

»Gut. Im Park am Dom sollten sie sich versammeln. Erkundige dich, was sie aufgehalten hat, und dann treibe sie in meinem Namen an, sich unverzüglich auf den Weg hierher zu machen.«

»Ich bin Dachdecker«, murrte Kjell, »kein Tomtetreiber. Und sie sind uns Kopenhagenern nicht unbedingt grün. Lakritze mögen sie nämlich auch.«

Noch bevor Gunilla ihren Unmut kundtun konnte, der sich bereits in ihrem Gesicht abzeichnete, erhob sich Stigandr und klopfte sich auf die Brust. »Euch fehlen immer noch Tomtar? Und Kjell soll sie holen? Da komme ich mit. Ihr Zwerge könnt euch doch gar nicht gegen Wasserfälle und hungrige Rentiere behaupten.«

Auf dem Boden gab Fenrir ein Grunzen von sich. Ob es spöttisch gemeint war oder nur bedeutete, dass er jetzt aufwachte, ahnte Thorke nicht. Wie alle anderen starrte sie gebannt hin. Fenrir zog sich mühsam an einem Fuß der Bank in die Höhe.

Stigandr kümmerte sich darum nicht. Abenteuerlustig strahlte er von einem Ohr zum anderen. Selbst seine schwarzen Haare standen begeistert zu Berge.

Gunilla musterte ihn nachdenklich. »Das ist in Ordnung. Zwei kräftige Kerle müssten ausreichen, um meinen Leuten Beine zu machen. Bei uns hungert allerdings kein Rentier, Troll. Wir sind ein reiches Land.«

»Die haben sich verflogen«, krächzte Fenrir. »Deren Tauben, meine ich.«

»Unsinn, Fenrir«, polterte Brandur. »Tauben haben untrüglichen Richtungssinn. Im Gegensatz zu dir. Die landen nicht in Grönland, wenn sie nach Svalbard wollen.«

»Wo ist das denn nun wieder? Hab ich noch nie gehört.«

»Das ist Spitzbergen. Auf unseren Seekarten steht die norwegische Bezeichnung Svalbard. Wenn du mal einen Blick drauf werfen würdest.«

Stigandr nickte heftig.

»Du kurzbeinige Kröte!«, schnaubte Fenrir, ohne sich um ihn zu kümmern. »Du hast dich auch schon mal vernavigiert, Brandur. Und ich war damals Lehrling.«

»Außerdem arbeiten für uns keine Tauben«, warf Gunilla ein. »Viel zu empfindlich. Käuzchen sind robuster gegen Wind.«

So viel also zu Thores Idee, dass die Tomtar wegen eines Sturmes aufgehalten worden waren, ging Thorke durch den Kopf.

Stigandr breitete die Arme aus. »Ruhig, Jungs und Mädels. Wir alle machen mal Fehler. Kein Grund zum Streiten.«

Thorke wunderte sich aufs Neue, wie behutsam und freundlich Stigandr schlichtete. Sie hatte sich Trolle polternd und grob vorgestellt, Lebewesen des Waldes, denen man besser aus dem Weg ging. Bei Stigandr stimmte es nicht. Er war herzensgut. Sie bat mit den Händen um Aufmerksamkeit. »Also werden Kjell und Stigandr morgen vor Helligkeit aufbrechen, Kjell per Möwe, Stigandr mit Reisestiefeln. Ich mache euch ein kräftiges *matpaket*, ein Lunchpaket, für unterwegs zurecht.«

Damit waren alle zufrieden. Außer einem.

Der Professor schlüpfte später zu Thorke in die Milchkammer, wo sie den großen Kessel schrubbte und allein war. Das Lunchpaket für die beiden Schwedenreisenden lag schon in der Küche bereit.

»Thorke, ich muss dir ins Gewissen reden. Ich habe euch alle bereits vor Elfen gewarnt, aber noch nicht die volle Gefahr umrissen. Kannst du mal eben mit dem Putzen aufhören?«

Thorke war es so leid, ständig von Gefahren und Problemen zu hören, aber aus Achtung vor dem Professor legte sie doch den Stahlschwamm beiseite und richtete ihre Aufmerksamkeit auf ihn.

»Danke. Die schwedischen Wälder wimmeln von Elfen, die allesamt Böses im Sinn haben. Es ist fahrlässig, einen jungen Burschen wie Kjell in ein ihm fremdes Land zu senden mit der Aufgabe, Tomtar zu suchen.«

»Aber Lund ist kein Wald, sondern eine Universitätsstadt, wie Gunilla sagt«, wandte Thorke ein. »Der Sammelplatz ist gleich neben dem Dom, was soll Kjell da schon passieren?«

Matti schüttelte den Kopf über ihr Unverständnis. »Und? Was soll er tun, wenn sie nicht auf dem Sammelplatz sind?«

»Stigandr ist bei ihm. Er ist durch mehrere Länder gereist und hat auch Elfen kennengelernt. Ich vertraue drauf, dass er sie beide aus allen brenzligen Situationen heraushaut.«

»Thorke, ich habe dich gewarnt. Mehr kann ich nicht tun. Im Augenblick jedenfalls.« Matti ging und schloss leise die Tür hinter sich.

✳

Thorke war unglaublich erleichtert, dass jetzt alles in geplanten Bahnen verlaufen würde. Mattis Vorbehalte klammerte sie aus. Sie hatte Klippen von Streithähnen umschifft und Essen geliefert, über das alle begeistert waren. Außerdem hatte sie ihre Zukunftspläne geändert, aber das war eine andere Sache und hatte mit den Gästen nichts zu tun.

Lange dauerte ihre gelöste Stimmung nicht. Das Telefon läutete. Es konnte nur der verärgerte Nachbar Lewe sein oder ihre Mutter.

»Schön, dass es dir gut geht«, flötete Mams, »ich höre das an deiner zufriedenen Stimme.«

»Ja, und euch auch?«

»Wir sind auch sehr zufrieden. Wir wechseln vom Bett ans Frühstücksbüfett und dann an die Strandbar. Ist herrlich! Aber du hast bestimmt mit dem Kleinvolk auch deinen Spaß. Übrigens, die roten Fliesen im Flur müssen mit Schmierseife glänzend gebohnert werden. Der Terrazzo-Fußboden in der Küche ebenso. Das macht sonst Frau Tetens aus dem Dorf. Da ich nicht wusste, wann wir zurückkommen, habe ich sie nicht beauftragt. Das Putzen musst du jetzt übernehmen.«

Thorke schwieg.

»Hast du gehört?«

»Ja.«

»Eine knappe Woche hast du noch Zeit, bis wir zurückkommen«, fuhr Mams fort. »Die Fenster zu putzen dauert ja auch nicht so lange.«

Das Langhaus hatte bestimmt neunzehn Fenster. Unten. Oben waren auch welche. »Ich weiß.«

»Höre ich da Widerspruch?«

»Oh, nein, Mams. Aber ich wechsele nach den Weihnachtsferien auf ein Internat. Ich bin schon angenommen. Das kannst du mit dem Geld bezahlen, das du bisher für eine Putzfrau gespart hast.«

Der Telefonhörer auf der anderen Seite wurde mit einem Knall aufgelegt.

Das saß, dachte Thorke. Es war an der Zeit gewesen, Widerspruch einzulegen. Paps half ihr nie. Aber warum telefonierte Mams mit einem öffentlichen Telefon und nicht mit ihrem Handy? Sollte Paps vielleicht gar nichts von den vielen Aufträgen erfahren, die Mams ihr erteilte? Er kochte, sie, Thorke, machte neben der Nachbarin die Hausarbeit – und Mams sang. Wie dem auch sei, es würden ihre letzten neunzehn Fenster werden.

✳

In dieser Triumphstimmung blickte Thorke zufällig aus dem Fenster und sah, wie sich etliche Klabbis in den Wald verdrückten, hinter Fenrir her, als hätten sie etwas Bestimmtes vor. Alle gehörten sie zur Gang von Fenrir.

Brandur verhielt sich ja seiner Mannschaft gegenüber immer gleichermaßen freundlich, und trotzdem hatte Thorke ein komisches Gefühl. Einiges stimmte da nicht, wobei sie nicht an die oberflächlichen Kabbeleien zwischen Brandur und Fenrir dachte.

Ohne Bedenken beschloss Thorke, ihnen nachzugehen. Die Klabbis hatten die Richtung zum Fluss eingeschlagen.

Laute Diskussionen warnten Thorke rechtzeitig. Sie erwarteten offenbar Fenrir, der noch nicht da war. Sie versteckte sich hinter einer Eiche von Leuchtturmdicke, die sich zum Glück sogar als hohl erwies. Sie schlüpfte in den Innenraum.

Durch ein Astloch eines herausgebrochenen Zweiges sah sie etwa zehn halbstarke Klabbis, die durcheinander schrien, aber sie verstand von ihrem Palaver kein Wort. Isländisch eben.

Dann schlenderte Fenrir heran. Bestimmt hatte er sich inzwischen an der Flasche bedient. Er hörte sich das Tohuwabohu an, lachte oder schüttelte den Kopf, jedoch ohne sich zu äußern.

Plötzlich wurde Thorke geschubst, jemand drängte sich neben sie. Sie setzte zum Protest an, als sie den Professor erkannte.

»Übersetzer vonnöten?«, fragte er selbstgefällig und klopfte hier und da mit seinem Stock auf das Holz, um Käfer und andere Baumbewohner zu vertreiben. Sie rieselten in Mengen auf den Boden.

Thorke entfernte stillschweigend ein Krabbeltier aus dem Kragen ihrer warmen Jacke. Sie nickte widerwillig, obwohl er wie gerufen kam.

»Sie sprechen über Örnen und wer in Zukunft Schiffsführer sein soll.«

»Oh«, sagte Thorke. »Rebellion?«

»Scheint so. Sie wollen Brandur absetzen, wie es eben in einer isländischen Demokratie so zugeht«, wisperte Matti.

»Sie haben aber doch gar keine Mehrheit, schätze ich«, flüsterte nun auch Thorke, denn die Jungklabbis waren leiser geworden.

»Glaube ich auch nicht, aber sie werden die übrigen

rumkriegen. Mit Geld von Fenrirs Papa, mit Aufstieg als …, als … Wie heißt das noch auf dem Schiff?«

»Wachführer, zum Beispiel.«

»Genau. Oder sie bedrohen die eine oder andere Familie, so lange bis jeder verspricht, für Fenrir zu stimmen. Sollten sie wirklich unter der gesamten Mannschaft abstimmen wollen? Ich habe Zweifel. Seeleute sind etwas rau.«

In diesem Augenblick stimmten alle ein Geschrei an, das durch den Wald hallte, und reckten die Fäuste in die Luft.

»Fenrir, unser neuer See-Vormann!«, übersetzte Matti, was gar nicht nötig gewesen wäre. »So viel zur isländischen Demokratie.«

»Aber das ist doch ungerecht. Und nach dem, was ich bisher gehört habe, ist Fenrir als Seemann eine Flasche.«

»Und leider eine volle«, ergänzte der Professor. »Das ist wohl gefährlich …«

»Stimmt. Und was machen wir jetzt?«, fragte Thorke ratlos.

»Du. Was machst du? Ich mische mich da nicht ein.«

Thorke betrachtete Matti forschend. Weißhaarig, strubbelig unter dem Zylinderrand, Achtung gebietend verkörperte er einen zerstreuten Professor. So ging es also zu unter denen, auf deren Stimme man hören würde. Aber man hielt sich lieber vornehm raus.

Die Fenrir-Gang zog zum Fluss, und ihr Lärm war weithin zu hören. Thorke nickte dem Professor kühl zu und zwängte sich aus der Eiche.

＊

Im Haus nahm sich Thorke die Terrazzoböden vor, damit sie beim nächsten Kontrollanruf beteuern konnte, sie habe sie gebohnert.

Wie bestellt, kam Lewe Clausen, kaum dass Thorke das Bohnerwachs in den Flurschrank zurückgestellt hatte. Er trampelte mit lehmbeschmierten, schneebedeckten Gummistiefeln zur Tür herein. Statt diese im Flur auszuziehen, wie es üblich war, marschierte er in die Küche und setzte sich an den Tisch. Er war fuchsteufelswild und grüßte nicht einmal.

Während er schwer atmend verschnaufte, betrachtete Thorke ihn ohne jede Zurückhaltung. Er war gealtert, seitdem sie ihn beim Kaufmann das letzte Mal gesehen hatte. Unregelmäßig rasierte Bartstoppeln bedeckten das Kinn und den faltigen Hals, und seine Augen schienen eingesunken. Ob er krank war?

»Du bist als Erwachsene nicht anders als früher als Kind«, fauchte er. »Kaputt machen, klauen, rücksichtslos gegen andere sein.«

Neugieriges Kleinvolk stand inzwischen in der Küchentür und hörte zu. Immer mehr drängten herein.

Lewe spuckte beim Reden. Angewidert wischte sich Thorke die Spucketropfen von der Wange. »Bist du hier wegen der Heu- und Strohballen?«

»Wegen was denn sonst?«

»Tut mir leid, Lewe. Ich wusste das nicht. Ich würde dir die Ballen zurückgeben, wenn der Inhalt nicht bereits überall verteilt wäre.«

»Du wusstest nicht, dass du Heuballen klaust?« Er lachte dröhnend. »Dann muss man dich wohl einweisen.«

»Thorke hatte keine Ahnung«, schrie ein junger Puk zu ihrer Verteidigung, wie alle anderen unter seiner Unsichtbarkeitsmütze verborgen.

»Da hörst du es selbst«, sagte Thorke. Erst danach fiel ihr ein, dass Lewe ihre Zeugen weder sehen noch hören konnte.

Lewe rückte seinen Stuhl nach hinten, sah sich vorsichtig um, behielt aber Thorke immer im Auge. Sein Blick blieb auf dem Messerblock auf dem Küchentresen hängen. Er beruhigte sich, weil dieser weit außerhalb von Thorkes Reichweite stand.

Sie ahnte seinen Verdacht und schüttelte verärgert den Kopf. »Die Puken sind meine Zeugen …«

Lewe stand auf. »Ich gehe dann besser«, murmelte er.

Thorke stemmte ihre Ellenbogen auf den Tisch und stützte das Kinn in die Hände. »Macht ihm einfach Platz«, riet sie dem Kleinvolk erschöpft. »Er tritt euch sonst die Füße platt.«

Lewe zog sich rückwärtsgehend vorsichtig aus der Küche zurück, als könnte Thorke ihm doch noch mit dem Messer an die Gurgel gehen wollen. Die Puken, Nisse und Klabbis teilten sich vor ihm wie vor einem durchs Wasser pflügenden Schiffsbug.

Kapitel 14

𝓘n tiefer Nacht erwachte Thorke davon, dass ihre Tür knarrte. Jemand schob sie sachte auf, und da saß sie bereits aufrecht.

»Thorke«, wisperte es, »ich bin es.«

Damit war sie so klug wie zuvor, aber sie erkannte die schmächtige Gestalt von Arto im Mondlicht. Er schlich auf Zehenspitzen zu ihr und klammerte sich an ihrer Bettdecke fest.

»Ja, Arto?«

Artos Zähne schlugen aufeinander, und Thorke erkannte, wie sehr er sich fürchtete.

»Nun sag schon, Arto, was ist los? Hier bei mir passiert dir doch nichts.«

»Nein, aber drrrraußen. Im Stall.«

»Wie kommst du denn darauf?« Die Tomtar waren noch nicht da, der Stall war leer, abgesehen davon, dass Arto dort schlief.

Arto griff nach ihrer Hand. »Da heulte ein Wolf«, sagte er weinend. »Dort ist ein Gestaltwandler. Der sucht mich.«

»Und warum?«

»Weil ich mich in Estland im Wald versteckt habe. Kratts und Tondid können böse sein. Sie suchen nach denjenigen, die sich weigern.«

»Wobei?« Thorke hatte das Gefühl, dass sie Arto jedes Wort entreißen musste. Aber er war so jung, nach Menschenjahren noch ein Kind und allein in der Fremde. Sie wartete auf seine Antwort.

»Menschen Angst zu machen. Und wenn sie die finden, die nicht mitmachen wollen, fressen sie sie zur Strafe.«

Der Professor hatte nichts dergleichen erzählt, erinnerte sich Thorke. Artos Angst schien ihr von Nacherzählungen aus ferner Zeit zu stammen, ohne konkreten Inhalt. Aber es war sinnlos, ihn mit leeren Worten beruhigen zu wollen. Er brauchte Hilfe und das sofort. Sie selbst zog gar nicht in Zweifel, dass er Wolfsgeheul gehört hatte. In Schleswig-Holstein gab es Wölfe, sogar in Nordfriesland, darüber klagten immer wieder Schafhalter. »Weißt du, Arto, morgen versuchen wir, herauszufinden, ob der Wolf noch da ist, und jagen ihn vom Hof. In Ordnung?« Wenn sich wirklich ein Wolf hierher verirrt hatte, hätte er längst gerochen, dass es hier seit Jahren kein Vieh gab.

»Ich habe trotzdem Angst.«

»Ja, ich merke es. Deswegen darfst du heute Nacht bei mir im Zimmer schlafen. Unter meinem Bett liegt eine Besuchermatratze.« Während sie die Matratze herauszog und mit Bettwäsche bezog, wartete Arto sichtlich getröstet. Er schlief schnell ein, aber Thorke beschäftigte sich noch lange damit, was ihm in Estland alles passiert sein mochte. Dann schrak sie plötzlich auf. Im Wald in ihrer Nähe knurrte ein Hund und bellte dann drohend. Kipferl, der freundliche Streuner, den sie manchmal fütterte, war es nicht. Hatte Arto in seiner Angst den Hund mit einem Wolf verwechselt?

※

Am nächsten Morgen fiel als Erstes auf, dass kein einziger Klabautermann zu sehen war. Thorke, die sich vorgenommen hatte, Brandur wegen Fenrir zu warnen, fürchtete schon, zu spät zu sein. Sie lief zur Eiche, um nachzusehen. Das Boot war noch da, das Schlafzelt zwischen Großmast und Besanmast gespannt wie am ersten Tag. Sie spähte durch die Öffnung hinein. Auch hier befand sich kein einziger Klabbi. Die Schlafsäcke waren zusammengerollt, und über quergelegte Ruder hingen Kleidungsstücke. Jemand hatte für etwas Ordnung gesorgt.

Im Wald war es still. Thorke fiel ein, dass die Fenrir-Gang nach der theoretischen Entmachtung von Brandur Richtung Fluss gezogen war. Vielleicht lag da die Lösung. Sie nahm den kürzesten Weg zur Süderau, einen Weg, der so gründlich freigeschaufelt worden war, dass sie Grasbüschel und Eicheln sehen konnte. Gleichzeitig hielt sie nach dem Wolf Ausschau. In sämtlichen Hofgebäuden hatte sie keine Anzeichen eines fremden Vierfüßers gefunden.

Stattdessen entdeckte sie am Ufer eine ihr ganz unbekannte Kneipe mit einem dazugehörenden Bootssteg. In ordentlichen Buchstaben belehrte ein Schild sie, dass es sich um die »Sperrige Auster« handelte, Besitzer ein Puk.

Vorsichtig lugte sie zur offenen Tür hinein. Die Klabbis waren sämtlich da, sie saßen an einem langen Tisch, und die Stimmung war feuchtfröhlich. Zwei Puken schleppten einen Kessel herein, aus dem ellenlange, ausgelöste Krabbenbeine und mächtige Rückenschilde herausragten. Königskrabben. Wo die wohl herkamen?

Einer der Jungspunde stand breitbeinig auf dem Tisch, hielt mit allen seinen Kräften eine Königskrabbe an einem Beinpaar in die Höhe und präsentierte sie der johlenden Gesellschaft. Diese Kamtschatkakrabbe war größer als er, und für die Beinspannbreite war er viel zu klein. Er ließ sie denn auch bald auf den Tisch herunter und schnaufte aus.

Brandur hatte ein langes Krabbenbein vor sich, schnitt es mit seinem Bootsmesser der Länge nach auf und brach das bekanntermaßen delikate weiße Fleisch heraus. Er beteiligte sich nicht am allgemeinen Lärmen, ließ sich davon aber auch nicht stören.

Einige Klabbis am Tischende fischten aus einem hohen Topf Muscheln. Thorke sah Miesmuscheln, Teppichmuscheln und Herzmuscheln, die im Gegensatz zu den norwegischen Krabben aus dem Wattenmeer stammen mussten.

Welch Paradies für Liebhaber von Schalen- und Krustentieren! Aber Thorke wagte sich nicht in den Gastraum. Sie erhaschte nur ganz kurz Brandurs Blick, der kein Zeichen des Wiedererkennens gab. Dieses Festmahl war nicht für sie gedacht.

Immerhin wusste Thorke jetzt, wo die Klabbis schlemmten. Auf ihrem Rückzug entdeckte sie an einem Nebengebäude der Kneipe mehrere Nester, auf denen Eiderenten saßen. Es war doch noch viel zu früh zum Brüten. Oder etwa nicht?

✳

Als Thorke am Tag darauf aufstand, waren Kjell und Stigandr schon seit Stunden unterwegs. Bei Dunkelheit zu arbeiten oder zu reisen, war für sie normal. Sie konnten in der Nacht sehen wie Eulen.

Während Thorke sich endlich um die Grütze kümmern konnte, schweiften ihre Gedanken nach Lund, wo sie noch nie gewesen war.

Kapitel 15

Stigandr stand vor dem Dom in Lund und starrte atemlos vor Bewunderung in die Höhe. Dann setzte er sich an der Südseite des Bauwerks auf eine der zahllosen Bänke für Sonnenhungrige und wartete auf Kjell und seine Möwe. Im Frühjahr saß man hier vermutlich und wärmte sich, aber bei dieser bitteren Kälte, die ihm nichts ausmachte, war er hier ganz allein.

Eine Frau mit einem Kindergartenkind an der Hand ging vorbei. Der Kleine musterte Stigandr erstaunt. »Guck mal, Mama, da sitzt ja ein Troll.«

»Unsinn, Lillebror, da sitzt niemand. Trolle gibt es nur in Kinderbüchern. Komm weiter, mir ist kalt.«

Lillebror ließ sich von seiner Mutter ziehen und blickte immer wieder hinter sich. Dann winkte er, und Stigandr lachte und winkte mit seiner großen Pranke freundlich zurück.

»Es gibt sehr wohl Trolle«, beharrte Lillebror, bevor er mit seiner Mutter hinter eine Hausecke verschwand.

Kjell und Möwe Bente trafen am Frühnachmittag am Dom ein. Bente bekam frei, um sich mit den ortsansässigen Möwen zu treffen und um sich mit ihnen über die Fischabfälle an der Markthalle und möglicherweise am nächsten Morgen die Qualität der Brotkrusten von den Marktständen und anderes Wichtige auszutauschen.

Gunilla hatte Stigandr genau beschrieben, wo der Treffpunkt der Tomtar war. Als erfahrener Reisender gab er den Weg an. Er war nicht weiter schwierig, diesen zu finden, gleich um die Domecke herum.

Wo keine Bäume mehr standen, befand sich ein großes rotes Haus, aus dem schwatzend und lachend Studenten herausströmten.

»Das sind deine Vettern nicht, Kjell«, stellte Stigandr fest. »Gegenüber, hinter dem Springbrunnen, hat Gunilla gesagt, wäre ein noch größeres, ehrwürdiges Hauptgebäude für die ausgewachsenen Studenten. Die tragen keine weißen Schirmmützen, sondern schwarze Zylinder wie dein Professor aus Tondern.«

»Er ist nicht mein Professor«, bestritt Kjell. »Er spricht zwar Dänisch, aber anders als ich.«

»Na, gut. Jedenfalls müssen da die Tomtar sein.«

»Sicher?«

»Ja.«

»In Ordnung. Dann gehen wir eben dorthin. Sehen kann ich noch keinen.«

✳

Am Springbrunnen standen zwei Frauen mit schlanken Körpern, die durch ihre nassen, fast durchsichtigen Gewänder für jedermann zu sehen waren. Im Schleier des herabfallenden Wassers badeten trotz der Kälte zwei weitere Frauen, reckten die Arme nach oben und jubelten.

Kjell sackte der Unterkiefer vor Staunen und Bewunderung herunter. »Nur eine Geistererscheinung, oder?«, stammelte er zu Stigandr, der neben ihm stehen geblieben war, sich aber nicht beeindruckt zeigte.

»Nein, die sind echt.«

Die beiden Schönen neben dem Brunnen entdeckten sie und wiesen ihnen lachend den Weg zum Universitätshauptgebäude, als ob sie wüssten, wo Kjell und Stigandr hinwollten.

»Ich will nicht«, sagte Kjell und schüttelte eigensinnig den Kopf. »Ich will zusehen, wie sie baden, wie sie die Arme strecken und … jedenfalls die Gewänder ihre Konturen zeigen.«

»Pah«, blaffte Stigandr. »Gewänder, Konturen! Noch was? Wir gehen jetzt, wir haben einen Auftrag, kein Sightseeing.«

Vor dem Hauptgebäude erwartete sie eine junge hochgewachsene Dame in einem schleierartigen Gewand. Hinter ihr hatte sich eine Gruppe ähnlich gekleideter Frauen und Mädchen versammelt.

»Moin«, stammelte Kjell hingerissen, während sich Stigandrs Nase blähte und er ringsum in die Luft witterte, als ob er Gefahr rieche.

»Wir wollten unseren Vettern, den Tomtar, hallo sagen«, brachte Kjell ungeschickt heraus.

»Und dafür bringst du ausgerechnet deinen schmutzigen, haarigen und abgerissenen Gefährten mit?«, fragte die Schöne, während sie näher kam. »Er stinkt.«

Kjell sah zu Stigandr hinüber und schüttelte den Kopf. »Das stimmt nicht.«

»Mein Name ist Syra«, stellte sich die vornehme Sprecherin vor. Sie wiegte sich in den Hüften »Und deiner?«

Kjells Augen wurden immer größer, und auch er schnupperte in die Luft. Genießerisch im Gegensatz zu Stigandr. »Ich bin Kjell aus Kopenhagen«, antwortete er gehorsam.

»Weißt du nicht, dass Trolle hier unerwünscht sind? Die meisten von uns jagen sie. Nur deine Gegenwart und unsere Höflichkeit hält uns jetzt davon ab.«

»So einen schönen Mann wie Kjell bekommen wir selten zu Gesicht, wolltest du doch sicher sagen, Syra«, warf eine der Gestalten aus dem Hintergrund spöttisch ein. Ihr Gesicht war herber als Syras, und sie war dunkler gekleidet als die anderen.

Stigandr runzelte argwöhnisch die Stirn. »Irgendetwas gefällt mir hier nicht«, raunte er in Kjells Ohr.

Kjell war unempfindlich dagegen. Er schmolz dahin, sank auf die Knie und streckte seine noch jugendlichen Hände Syra schmachtend entgegen. »Du bist die wunderbarste Frau, der ich jemals begegnet bin. Ich bin unverheiratet. Ich möchte bei dir bleiben.«

»Gerne«, sagte Syra entgegenkommend. »Ein paar Tage? Einen Sommer? Die meisten Männer verlassen uns schnell.«

»Ein Leben lang«, seufzte Kjell.

»Das geht einzurichten.« Syra kicherte hinter ihrer Hand, und die Frauen im Hintergrund taten es ihr nach.

Kjell fühlte sich am Nacken gepackt und in die Höhe gehoben. »Was fällt dir ein?«, brüllte er.

»Das reicht!«, fauchte Stigandr und pfiff gellend. »Hast du nicht gemerkt, wie die Frau dich um den Finger gewickelt hat?«, fragte er erbost.

Helles Lachen in der Frauenschar bestätigte ihn.

Als Bente nach wenigen Augenblicken neben Stigandr landete, setzte er Kjell auf seinen Rücken und befahl: »Nach Hause!«

»Aber sie ist so reizend«, quengelte Kjell und versuchte abzusteigen. »Ich will hierbleiben.«

Bente vergewisserte sich mit einem Blick, dass Stigandr das Sagen hatte, und stieg hoch. Über den Bäumen schlug er den direkten Kurs nach Südwesten ein, und Stigandr machte sich selbst auf den Rückweg.

Kapitel 16

Thorke verabscheute es, sich irgendwo einzumischen, wo sie weder kompetent für das Problem war noch Verantwortung trug. Und dennoch: Dass Brandur abgesetzt werden sollte, konnte sie nicht ignorieren. Der auf See offenbar unfähige, eitle Fenrir würde das schöne Holzboot havarieren lassen, sobald er Vormann auf See war, und Hunderte Klabbis würden ertrinken. Vielleicht außer Fenrir, denn Klabbis konnten nicht schwimmen und trugen auch keine Schwimmwesten.

Sie musste Brandur warnen und ging ihn suchen.

Brandur saß auf einem Baumstumpf und strickte. »Sieh mal«, sagte er und zeigte Thorke stolz seine Handarbeit, »ein Westchen für meinen Enkel.«

»Ja, ja, schön«, murmelte sie.

Brandur legte die Nadeln in den Schoß. »Dir liegt etwas anderes auf dem Herzen. Sprich frei heraus.«

»Fenrir und seine Gefolgschaft wollen dich als Vormann absetzen. Wenn ich die Bemerkungen, die ich inzwischen aufgeschnappt habe, richtig verstehe, werdet ihr mit ihm als Vormann Island nicht erreichen.«

Brandur nickte ohne jede Überraschung. »Nein, zum Seemann wurde er nicht geboren. Nur mit einer grenzenlosen Überschätzung. Das macht ihn gefährlich, ich weiß. Dabei ist sein Vater ein ordentlicher Kerl und angesehen.«

»Und was tut ihr dagegen?«, fragte Thorke verblüfft. »Du und deine Leute könnt doch die Rabauken nicht einsperren! Oder alles laufenlassen.«

»Nein, das haben wir natürlich nicht vor. Wir werden sämtliche Segel verstecken. Sie können nicht nach Island rudern. Und hier auch kein Segeltuch kaufen.«

Thorke schmunzelte und stellte sich die Gang vor, die plötzlich nähen statt feiern sollte.

»Wüsstest du ein Versteck für Segel?«

Thorke dachte laut nach. »Unser Dachboden wäre als Versteck zu naheliegend. Wir, also York und ich, sind mit einigen Nisser auf der anderen Seite der Süderau befreundet. Die werden ein paar Segelsäcken bestimmt Asyl geben.«

»Hervorragend. Danke, Thorke. Wir müssen uns dann nur besprechen, wie wir sie rüberschaffen. Kann ich für dich etwas tun?«

»Eine große Bitte hätte ich an dich«, sagte sie unsicher. »Wäre es möglich, dass du Stigandr eine Weste strickst? Seine ist zerlumpt, und so hätten wir ihn eigentlich gar nicht nach Schweden lassen dürfen.«

Brandur lachte belustigt auf und hielt das winzige Westchen für seinen Enkel in die Höhe. »Gedanken um Troll-Ausmaße bei Kleidung haben wir uns noch nie machen müssen. Selbstverständlich können wir ihm eine Weste stricken. Hast du denn Wolle genug?«

»Habe ich. Meine strickfreudige Mutter hat ausreichend Reserven. Vielleicht in nicht ganz üblichen Tönen. Grau sicher nicht, aber Gelb, Lila und andere knallige Farben.«

»Vielleicht sollten auch wir Klabbis mal wechseln. Grau über Jahrhunderte muss nicht sein. Was meinst du dazu, Thorke?«

»Das fände ich hervorragend. Dein Enkel würde sich bestimmt über einen munteren andersfarbigen Streifen freuen. Such dir unter Mams' Wolle aus, was dir gefällt.«

»Mit meinem Enkel hast du recht. Danke für das Angebot. Und die Fahrt über den Fluss? Wie stellen wir das an?«

»Ich spreche jetzt gleich mit dem Nisse Birger. Er ist unser Freund und hat sein Ruderboot gegenüber seinem Haus am Fluss im Wald versteckt. Am besten packt ihr alle Segel, auch die unter Deck für Sturmfahrten liegen, in Säcke, wenn Fenrir und seine Kumpel wieder in der ›Sperrigen Auster‹ feiern. Und fahrt heute Nacht noch rüber.«

»Ja, der Plan ist gut.«

✳

Wie vermutet, verschwanden Fenrir und Freunde gegen Abend wieder im Wald. Brandur und Birger kletterten an Bord, sobald die lärmende Gesellschaft nicht mehr zu hören war. Thorke stand Schmiere, gewissermaßen.

Großsegel, Genua, Fock, Sturmfock und Besansegel passten in vier Säcke, nachdem sie sie von Masten und Vorstag losgebunden beziehungsweise die Schäkel geöffnet hatten.

Brandur schnupperte in die Luft. »Ich hatte Fenrir gesagt, dass die Segel an der Luft getrocknet werden müssen, bevor er sie zusammenrollen kann. Das hat er nicht gemacht. Sie sind feucht und riechen nach Salzwasser. Fühl mal, Thorke.«

Sie nickte. Sie fühlte und roch es auch.

»Ich kann sie auf meinem Dachboden auf der Wäscheleine trocknen lassen«, bot Birger an.

»Ja, das würde sie vor Stockflecken retten«, sagte Brandur erleichtert.

Sie hatten schwer an den Säcken zu schleppen. Thorke leuchtete sich mit der Taschenlampe den Weg, das Kleinvolk benötigte keine. Plötzlich gebot Brandur Halt und Stillschweigen.

Aus der Ferne näherten sich zwei Stimmen. Eine lallte beträchtlich, die andere gehörte offenbar jemandem, der nüchtern war. »Es riecht nach Seewasser, riechst du das auch? Mitten im Wald. Wie kann das sein?«

»Ist mir egal, ich will in meinen Schlafsack.«

»Das waren Dorsteinn und seine Frau«, wisperte Brandur.

Die Stimmen verklangen. Das war knapp, dachte Thorke, schließlich war es für sie am schwersten, sich zu verstecken.

Als sie das Flussufer erreichten, zündete Birger eine Laterne an und schwenkte sie, und von drüben kam kurze Zeit später blinkende Antwort. Er ruderte los.

Brandur und Thorke warteten, bis von dem kleinen Steg auf der anderen Seite das Signal kam, dass Birger gut angekommen war. Es dauerte nicht lange, bis er wieder zurück war. Zum Glück ging in dieser Nacht kein Lüftchen, und das Rudern war einfach.

Vor ihrem Haus erinnerte Brandur Thorke, die Wolle für Strigandrs Weste zu holen. Zwei seiner Freunde waren sofort bereit gewesen, mitzustricken: einer die Ärmel, einer die Rückseite. Brandur selbst würde die Vorderseite mit einem hellen grünen Streifen in Angriff nehmen. »Wir schaffen es bis zum Morgengrauen«, versprach er.

»Das wäre wunderbar«, sagte Thorke und verspürte erstmals ein wenig von der Leidenschaft fürs Stricken, die ihre Mutter beseelte.

Kapitel 17

$\mathscr{B}$irger brachte auf der Rückfahrt seine zwei Kinder mit. Erzählt hatte er ihnen von den flotten Rennschlitten aus Finnland, während sie die Segelsäcke zum Haus trugen. Sie wollten sie unbedingt sehen.

Pekka, der die Schlitten wartete und den ganzen Tag um sie herumpusselte, bot den Kindern eine Probefahrt an. Das sprach sich herum. Auf einmal schickten Puken und Nisse der Nachbarschaft ihre Kinder zum Hof der Lorenzens. Und Pekka machte sich und den Kindern den Spaß, auf der Deichkrone des Süderaudeiches entlangzurasen. Das Geschrei der quietschvergnügten Mitfahrer drang bis zu Thorke in die Milchkammer.

Dazwischen glaubte sie allerdings verärgerte Töne von Brandur und Fenrir zu hören, die wie so oft stritten. Seufzend machte sich Thorke nach draußen auf, um den Streit zu schlichten.

Am Rand des Hofes stand Brandur mit hochrotem Kopf in einem Schneehaufen, eine Flasche in der Hand, mit der er heftig gestikulierte.

Im ersten Augenblick fürchtete Thorke, dass Brandur jetzt selbst dem Alkohol verfallen war, dann entdeckte sie, dass es sich um Aquavit handelte. Ihren Aquavit, der traditionell zu den Flusskrebsen serviert wurde und den sie versteckt hatte. Sie trat näher.

Ja, genau die Flasche war es, erkennbar am Etikett des Händlers.

»Nicht meine Flasche«, fauchte Brandur in Richtung Thorke und sah Fenrir erbost an.

»Und wo hast du die her, Fenrir? Aus Island ist die nicht!«

»Man kann diese Sorte hier kaufen«, verteidigte sich Fenrir trotzig.

»Wenn du also morgens nicht aufzufinden bist, gehst du einkaufen?«

Fenrir zuckte gleichgültig die Schultern.

Brandur gab Fenrir die Flasche zurück. »Übertreib's nicht.« Er ging.

»Fischabfallfresser«, murmelte Fenrir hinter ihm her.

Als Brandur im Wald verschwunden war, streckte Thorke die Hand aus. »Gib sie mir zurück, Fenrir. Hier gibt es weit und breit keinen Kaufmann, der schwedischen Aquavit verkauft. Den gibt es nur in meinem Zimmer.«

»Du wusstest es«, gab er zögernd mit einer winzigen Spur Anerkennung in der Stimme zu, vermutlich, weil sie ihn nicht wegen Klauens verraten hatte, und reichte ihr die Flasche. »Kann ich dann auch den Krebs zu meinem Aquavitschluck haben?«, fragte er listig.

Thorke schmunzelte. »Zweiter Versuch? Tomtar sind großzügig. Sie geben dir bestimmt einen ab.«

✳

Kurze Zeit später stiefelte Stigandr aus dem Wald, und Bente landete mit Kjell auf dem Hof. Im Nu sammelten sich alle um die Ankömmlinge.

»Gute Reise gehabt? Und wann kommen die Tomtar?«, erkundigte sich Thorke, obwohl sie den Gesichtern der beiden ansah, dass der Erfolg nicht sehr groß gewesen sein konnte.

»Das wissen wir nicht. Wir haben sie gar nicht zu Gesicht bekommen«, gab Kjell maulfaul zu. »Im Hain am Dom waren sie nicht.«

Thorkes Blick wanderte zu Stigandr hinüber, der flüchtig nickte.

»Aber den Sammelpunkt habt ihr gefunden?«

»Wir sind nicht dumm«, sagte Kjell aufbrausend.

»Natürlich nicht.« Thorke ahnte, dass es möglicherweise schon wieder auf einen Streit hinauslief, und versuchte mit einer Geste beschwichtigend zu wirken.

Auf Kjells Gesicht machte sich unversehens ein Lächeln breit. »Wir haben sogar eine nette Dame, schön wie der junge Tag, befragt, ob sie wüsste, wo die Tomtar sind.«

Stigandr runzelte die Stirn. So ganz war er mit Kjells Version wohl nicht zufrieden.

In dem Moment kam Bewegung in die dicht gedrängte Menge. Gunilla schob alle beiseite, die ihr im Wege waren. »Waren da noch mehr schöne Frauen?«

Thorke entdeckte endlich den Professor, der Gunilla ausgewichen war und mit unbeteiligtem Gesicht im Hintergrund stand, jetzt offensichtlich ohne Stock.

Kjell lächelte verliebt und richtete seine geschlossenen Augen zum Himmel. »Ja, eine ganze Schar. Sie badeten im Springbrunnen, fast unbekleidet.«

»Oh, nein!«, rief Gunilla entsetzt. »Ihr seid Huldren begegnet, ihnen macht die Kälte nichts aus. Aber was machen die denn in der Stadt? Sie sind Feen, die in den Wäldern leben, man nennt sie deshalb Waldfeen.«

Matti hatte vor Feen gewarnt, erinnerte sich Thorke.

»Ja, und?« Kjell war ratlos, aber Stigandr sperrte den Mund auf, er schien zu begreifen.

»Sie gelten als lebensgefährlich für das Kleine Volk, sie rauben Tomtekinder und verspeisen sie.«

»Das kann nicht sein! Ihre Sprecherin hat sich mir höflich vorgestellt, und ich habe mich auch vorgestellt. Sie nannte sich Syra.«

»Syra. Genau das ist sie. Ätzend wie Säure. Ich denke, du verstehst Schonisch!« Gunilla betrachtete ihn erzürnt.

»Vielleicht nicht ganz so viel«, gab Kjell vorsichtig zu.

»Diese Syra ist die Herrscherin der Huldren«, erklärte Gunilla nachdenklich. »Sie reist regelmäßig zu allen Huldrengemeinschaften im Land, um sie zu inspizieren. Also ist sie jetzt wieder zurück in Schonen.«

Stigandr stellte sich vor Kjell. »Du musst den Kleinen nicht beschimpfen, Gunilla. Wir wussten von dieser Gefahr mitten in einer Stadt nichts. Niemand hat uns gewarnt, auch du nicht.«

Gunilla tat seinen Einwand mit einer Handbewegung ab. »Papperlapapp! Ihr seid einfach nur gewöhnliche Männer, die umgarnt wurden. Das ist ihre Spezialität, sie locken Männer in die Wälder. Hat eine von den Frauen euch mal den Rücken zugekehrt?«

»Nein«, antwortete Kjell. »Sie waren alle sehr höflich.«

Stigandr tippte sich an die Stirn. »Jetzt fällt es mir wieder ein. Ich habe von ihnen gehört.«

Gunilla raufte sich die Haare. »Höflich! Höflich! Ihre Körper sind hohl. Es gibt nur ein Vorne. Hinten ist nichts. Eine Fassade ohne Inhalt.«

Alle miteinander stöhnten erschrocken auf, die Tonttut aus dem hohen Norden am wenigsten. Sie kannten Huldren zumindest vom Hörensagen, vermutete Thorke.

Kjell wurde bleich zwischen den Ohren und schob Stigandr beiseite. »Er hat mich vor ihnen gerettet.«

»Ich habe Unrat gewittert«, erklärte Stigandr. »Ein mir unbekanntes Parfüm. Mir sind diese Wesen nie begegnet. Womöglich gibt es sie nur in Nordschweden.«

»Nein, das ist nicht richtig. Und eins ist seltsam«, fuhr Gunilla fort. »Was machen sie im städtischen Hain mitten in Lund? Sie meiden Menschen, wo immer sie hausen. Welch außergewöhnliches Ereignis mag sie ausgerechnet in die Nähe eines christlichen Doms getrieben haben?«

»Ist das gut oder schlecht, Gunilla?«, fragte Thorke.

»Ich weiß es selbst nicht«, antwortete Gunilla bekümmert. »Aber ich halte es für möglich, dass sie vom Treffpunkt der Tomtar wussten und sie aus irgendeinem Grund woanders hin verschleppt oder gefangen genommen haben.«

»Wir reisen hin«, sagte Torke entschlossen. »Stigandr und ich.«

Alle schwiegen betroffen und gingen still an ihre Arbeit zurück.

✳

Und wieder ging das Telefon. Thorke rannte ins Haus. Sie wäre am liebsten nicht rangegangen. Aber es konnte von den Urlaubern jemand krank sein, die Fluglinien streiken oder etwas anderes ihre Rückkehr aufhalten.

»Was ich noch zu sagen vergaß«, meldete sich ihre Mutter ohne Einleitung. »Thorke, bist du das?«

»Wer denn sonst?«

»Nicht so pampig, Fräulein. Tu nicht so viel Butter in die Grütze! Ein kleiner Klacks reicht. Oder noch besser: Margarine.«

»Ja. War's das?«

»Na, du bist heute aber einsilbig.«

»Ja. Tschüs, Mams.« Torke sah förmlich vor sich, wie ihre Mutter über sie den Kopf schüttelte und sich dann gleich bei Paps beschweren ging. Sie wusste ja gar nicht, dass es wichtigere Dinge gab, als von der All-inclusive-Bar ins Schwimmbecken zu hüpfen.

Kapitel 18

$\mathcal{N}$ach der großen Versammlung um die Heimkehrer aus Lund wartete der Professor nachdenklich am Wald, während sich alle zerstreuten. Seine Gedanken rotierten. Vorhin, während Kjells und Stigandrs Bericht auch schon, da hatte er gar nicht richtig hingehört.

Da ihm der Troll etwas unheimlich war, folgte er Kjell, der immerhin ein Nisse war, mit denen er umzugehen gelernt hatte. Kjell stapfte gebeugt, gedankenvoll und von hinten schon sichtbar verärgert durch den verschneiten Wald. Matti rief ihn leise an.

Er drehte sich um. »Professor? Gibt es etwas Neues?«, grantelte er.

»Nein, nein. Mir gaben nur eure Erlebnisse in Lund zu denken. Ich wollte dich bitten, mir Genaueres zu erzählen, damit ich womöglich meine Vorträge in Tondern über die alten Kulturen vervollständigen kann.«

»Ah, so.« Kjell richtete sich auf. Als Sachverständiger von einem anderen Sachverständigen um seine Meinung gebeten zu werden, gefiel ihm plötzlich. »Ja, was soll ich sagen? Die Frauen hatten alle lange, glatte Haare, keine Mütze und keine Handschuhe.«

»War das Wasser des Springbrunnens denn tief?«

Kjell überlegte. »Hüfttief, meine ich. Aber untergetaucht hatten sich alle, ihre Haare tropften.«

»Ist das ein Planschbecken für Menschenkinder?«

»Oh, nein. Es ist meterhoch, sehr dekorativ mit Fontäne

und Figuren ausgestattet, und ist von überall jenseits des Hains und von den nächsten Straßen aus zu sehen.«

Der Professor nickte zufrieden, mit der Beschreibung konnte er etwas anfangen. »Und der Dom?«

»Die Turmspitzen sind so hoch, dass Bente unversehens in die Höhe steigen musste. Ich glaube, er hatte im Flug gedöst, und fast wären wir beim Rückflug dagegengeknallt.«

»Das hätte hier einen schönen Aufruhr gegeben, vor allem bei Gunilla«, sagte Matti mit einem kleinen spöttischen Lächeln.

»Na, nun reist Thorke ja selbst hin. Als ob sie etwas gegen solche diebischen, gefährlichen Leute ausrichten könnte. Willst du etwa mitfahren, Matti?«

»Bewahre!« Der Professor wehrte mit beiden Händen ab und stellte dabei erst fest, dass er seinen Stock vergessen hatte. Kjell würde es nicht beachten, er hatte wohl nur Augen für schöne Frauen. »Nein, ich nicht. Erhol dich gut von der Reise, moin, moin, Kjell.« Er stiefelte so rasch es ging davon, spürte aber Kjells Blick in seinem Rücken.

✳

Draußen brummte ein Motor und wurde ausgeschaltet. Thorke sah neugierig aus dem Fenster und entdeckte entsetzt, dass Paps und Oke ausstiegen. Mams hatte nichts davon erwähnt, und Thorke war nicht vorbereitet.

Oke rannte bereits zur Tür. Thorke fing ihren Bruder ab. Küsse verweigerte er, aber er blieb immerhin stehen. »Du, dein Zimmer ist besetzt, tut mir leid. Es hängt mit der Weihnachtsgrütze für das Kleine Volk zusammen.«

Inzwischen war Paps mit seinem Köfferchen und Okes Rucksack herangekommen, und das Taxi fuhr ab. Paps hob die Schultern, und Thorke verstand das als Erlaubnis zur Erklärung.

»Oke, du weißt doch, dass wir in diesem Jahr das Weihnachtsessen für das Kleine Volk ausrichten …«

»Klar!«

»Dein Zimmer ist leider bewohnt. In deinen großen Autos schlafen die Nisse …« Mehr konnte Thorke gar nicht sagen.

»Oh, cool«, rief Oke und stürmte die Treppe nach oben.

Paps sah mit gerunzelter Stirn zu Thorke. »Hast du für mich eine ähnliche Überraschung?«

Thorke holte tief Luft. »Ja. Deine Hafergrütze ist inzwischen so berühmt, dass Hunderte gekommen sind. Wir können schließlich nicht alle Gäste im Wald schlafen lassen. Die Klabbis haben ihr Boot, die Tonttut aus Finnland ihre Sauna, und … und …«, fuhr sie fort, »das Schlimmste: Die Tomtar werden vermisst.«

»Und die Überraschung für mich?«

»Euer Schlafzimmer ist in Beschlag gelegt von den Puken. Seit der letzten Nacht auch von Pukenkindern.«

»Gut, dass deine Mutter nicht mitgekommen ist«, brummte Paps. »Ich nehme uns ein Hotelzimmer. Jetzt bleibe ich erst einmal hier und schaue nach dem Rechten.« Er ging ins Haus.

Das Schlimmste war erst einmal überstanden. Thorke atmete aus und merkte jetzt erst, dass sie zeitweilig die Luft angehalten hatte.

✳

Sie wanderte langsam ums Haus. Beim Betrachten des guten Zustands der Dächer von Haupt- und Nebengebäuden, der gesäuberten Dachrinnen, des funktionierenden Ablaufs des Soods war sie ein ganz bisschen stolz auch auf sich, weil dies alles unter ihrer Aufsicht in Abwesenheit der Eltern geschehen war. Und trotzdem hatte sie ganz vergessen, Paps darauf hinzuweisen und sich stattdessen entschuldigt.

Arto kam derart angedüst, dass sie beinahe zusammenstießen. Thorke konnte ihn gerade noch festhalten. »So eilig?«

»Thorke, sei nicht böse«, flüsterte Arto und sah sich nervös um. »Ich muss dir etwas sagen. Der Professor ist nicht, was er behauptet.«

York war auch der Meinung gewesen. »Was ist er denn?«

»Ein Nisse ist er nicht. Vermutlich ist er ein Tont aus Estland und könnte dann doch mit mir darüber reden. Seine Sprache ist nur ein wenig anders – weil er in Tondern lebt? Aber warum verschweigt er das? Mir macht es Angst. Vielleicht hat er etwas Böses vor. Manche Tondid sind böse.«

Thorke nickte widerwillig. Sie war vor allem deshalb irritiert, weil Matti seinen Gehstock offenbar gar nicht als Hilfe beim Gehen benötigte. Also nur als verborgene Waffe. Vor wem hatte er Angst? Dabei hatte sie den Professor fragen wollen, ob er wegen seiner Sprachkenntnisse als Dolmetscher nach Lund mitkommen würde. Jetzt war sie erneut verunsichert. Aber sie kam gar nicht zur Entscheidung, denn das Telefon läutete wieder. »Arto ich muss rein.«

Paps hatte den Hörer schon abgehoben. Als Thorke den Namen Lewe hörte, setzte sie sich in die Küche, ließ das Geschirr stehen, statt es in den Spüler zu stellen, und lauschte. Das Zupfen des Grünkohls konnte warten, ebenso wie das Kasseler und die Kochwürste.

»Was willst du, Lewe?«, fragte Paps in verdrossenem Ton nach einer Weile.

Das Geschnatter auf der anderen Seite der Leitung konnte Thorke nicht verstehen. Aber dass Lewe erregt war und sich beschwerte, war greifbar.

»Heu für einen Tanzboden? Bist du von Sinnen? Wer soll denn bei uns tanzen? Wer tanzen will, fährt zum Gasthaus in Bottschlott oder nach Rosenkranz.«

Lewe wurde lauter. »Sie spricht mit Personen, die es nicht gibt! Was ist mit deiner Tochter? Ist sie krank?«

Paps antwortete nicht. Nur zu gut wusste er, dass Thorke die Fähigkeit besaß, das Kleinvolk zu sehen und mit ihm zu sprechen wie mit jedem Menschen. Er und seine Frau nicht.

Der Nachbar schnatterte weiter.

»Ja, dann komm eben vorbei«, gab Paps griesgrämig nach und beendete das Telefonat. Dann kam er in die Küche: »Da habt ihr ja was Schönes angerichtet.«

»Ich wusste es nicht!«

»Das entschuldigt dich nicht, Tochter! Du warst verantwortlich.«

✳

Ein Unglück kommt niemals allein. Alte Weisheit. Als Thorke aus dem Fenster sinnierte, ohne etwas zu sehen, rumpelte der weiße Wagen der Gemeindearbeiter auf den Hof. Bror stieg aus. Thorke wurde es siedendheiß. Auch von dem Sand hatte sie ihm noch nichts erzählt.

Paps begrüßte Bror im Flur und bat ihn ins Wohnzimmer.

»Ich wollte dich beruhigen«, sagte Bror forsch, »damit du nicht weiter auf die Anzeige wartest.«

»Weswegen? Davon weiß ich nichts.«

»Na, wegen des Sandes.«

»Am besten beginnst du von vorne, Bror.«

»Ja, das war so. Nachdem wir bei euch gewesen waren, hat die Nachbarin Anzeige bei der Polizei erstattet. Sie gab zu Protokoll, dass sie gesehen hatte, wie ein Hund einen Eimer

Sand über sich schweben ließ und den Waldweg zu euch einschlug. Ich weiß nicht, ob die Polizei Meldungen an das Gesundheitsamt weitergeben darf, jedenfalls erreichte die völlig verrückte Anschuldigung die dortigen Ärzte, und einer kam bei der Anzeigenerstatterin zu Besuch. Da diese auch gegen eine Frau im Nachbarhaus wüste Beschuldigungen ausstieß und außerdem neben der Eingangstür ein Beil stehen hatte, hat man sie vorsorglich in ein Erholungsheim geschickt. Sie war dazu sofort bereit. Also: Anzeige gegen dich erledigt.« Bror verabschiedete sich.

Thorke zog bereits mit schlechtem Gewissen den Kopf ein, als Paps in die Küche kam und sich setzte. Er grinste. »Hatte mich schon gewundert über die Sanddünen am Waldrand. Konnte ja nur Flugsand sein. Ich habe früher auch geklaut. Ohne Hund, nur mit Eimer.«

Thorke richtete sich erleichtert wieder auf. »Ein Puk ist richtig nützlich. Gut, dass wir uns mit ihnen so prima verstehen. Bei der Gelegenheit muss ich dich etwas fragen. Es geht um das Boot der Klabbis. Örnen ist klinkergebaut, hat Gaffelsegel, Fock, Besan und Bugspriet sowie Seitenschwerter, dabei aber zusätzlich jede Menge Ruder. Also bisschen Zeesboot, nur die Ruder und die Seitenschwerter passen nicht dazu.«

Jonte überlegte. »Ein ähnliches habe ich mal auf den Åland-Inseln gesehen, ohne Besanmast, aber trotz Gaffelsegel mehrere Ruderpaare. Es handelt sich vermutlich um eine Eigenentwicklung der Klabautermänner. Die sind in der Seefahrt zu Hause, man muss davon ausgehen, dass die Konstruktion für sie sinnvoll ist. War es das? Ich muss in die Melkkammer.«

»Ja. Das war's. Danke.«

Kapitel 19

Jetzt wurde es höchste Zeit, nach Lund zu reisen. Thorke bekannte ihrem Vater, dass die Tomtar immer noch nicht da waren und sie sich vor Ort persönlich darum kümmern würde.

»Das ist prima«, antwortete Paps zu ihrem Erstaunen. »Dann mache ich jetzt die Grütze fertig, ich sehe, du bist noch nicht sehr weit gekommen. Endlich wieder etwas zu tun, statt nutzlos an einer Bar auf Mallorca zu hocken.«

Thorke achtete nicht auf seine leise Kritik am Urlaub. »Ja, wir hatten hier lauter Probleme und Schwierigkeiten zu lösen. Hat Mams dir erzählt, dass ich die Schule wechsele?«

»Nein! Warum das? Noten schlecht?«

»Natürlich nicht! Aber ich muss immer mehr Pflichten auf dem Hof übernehmen, weil Mams immer öfter auf Konzertreise geht. Und jetzt starten wir allmählich in Richtung Abitur. Wenn ich im Internat bin, muss sie wenigstens das Putzen des Hauses besser organisieren.«

Paps sah erschüttert aus.

»Mams hat mir per Telefon alle möglichen Anweisungen gegeben. Im öffentlichen Netz, nicht am Handy.«

»Ich werde mit ihr sprechen, Thorke. Du bist keine Haushaltshilfe.«

»Ja, danke, Paps«, sagte Thorke erleichtert. »Übrigens kommt wohl schon das nächste Problem auf mich zu.«

Gemeinsam traten sie in die offene Tür, wo im Hof bereits Stigandr mit dem *spark* auf ihren Aufbruch nach Lund wartete. Thorkes Aufmerksamkeit galt jedoch weniger der auffallenden neuen Weste aus rosa Wolle mit einem grünen Streifen als dem jungen Helfer der Sperrigen Auster, der ungeachtet des freigeschaufelten Pfades wie ein flüchtendes Reh durch den Wald brach, mit Kurs auf den Hof der Lorenzens. Paps konnte ihn natürlich nicht sehen, aber er hörte das Knacken der Äste.

»Moin, Thorke. Brandur und der Wirt schicken mich. Du hast bestimmt schon bemerkt, dass das Boot der Klabbis nicht mehr an seinem Platz liegt. Fenrir will unbedingt nach Hause und ist fuchsteufelswild, weil er die Segel nicht finden kann. Im ganzen Wald nicht.«

»Das erste wusste sie nicht, das zweite schon.«

»Brandur vermutete, dass du es weißt, wie er sagte. Der Wirt lässt zu ihren Gunsten melden, dass diese Jugendlichen viel Bier vertragen. Aber in diesem Zustand versuchten sie, gegen Starkwind von West anzurudern, ohne dass er es ihnen ausreden konnte. Weit sind sie nicht gekommen, dann gaben sie auf und rauschten zurück. Brandur untersucht gerade die Schäden am Boot, nachdem sie auf unseren Steg prallten.«

»Oh, oh. Und was erwartet ihr jetzt von mir?«

»Du sollst Fenrir ins Gewissen reden, nachdem Brandur es nicht geschafft hat.«

Thorke runzelte die Stirn. »Ich will es versuchen. Aber Fenrir und ich sind beste Feinde …« Und zu ihrem Vater sagte sie: »Der Vormann der Klabbis braucht Hilfe, ich muss zur Stammkneipe jugendlicher Rebellen.«

»Schon gut, kümmere dich nicht um mich.«

✳

Thorke hastete los, gefolgt von dem Boten und Stigandr. Die jungen Wilden standen in geschlossener Gruppe mit finsteren Gesichtern vor der Auster. Und vor ihnen Fenrir, der die Fäuste in die Hüften stemmte.

»Ihr Jungs und Mädchen«, sagte Thorke in mitfühlendem Ton, »ich verstehe, dass ihr nach Hause möchtet. Allerdings ist mein Vater inzwischen angekommen, und jeder von euch weiß, wie legendär gut seine Grütze schmeckt. Er hat schon übernommen und bereitet sie vor. Verschiebt eure Abreise bis nach der Weihnachtsgrütze. Wegen ihr seid ihr doch hier.«

Fenrir schwieg. Aber ein anderer trat vor. »Tomtar sind noch nicht hier, dein Vater war nicht hier, warum hätten wir noch länger warten sollen?«

Thorke zeigte auf den Troll. »Stigandr und ich brechen in der nächsten Stunde nach Lund auf. Und wenn es überhaupt noch Tomtar in Schweden gibt, finden wir sie ...«

Die meisten schmunzelten und flüsterten miteinander, nur Fenrir behielt seine steinerne Miene bei. Aber die Stimmung hob sich.

Das spürte auch Brandur, der unmerklich dazugestoßen war. Er ergriff das Wort. »Leute, ihr wisst doch, dass die Schifffahrt kein Handwerk von Bauern ist. Wir Isländer sind als Seefahrer berühmt. Wir sind bis zu dem Land gesegelt, das die Menschen Vinland nennen, und haben nebenbei Grönland mit Klabbis besiedelt. Die Menschen glauben, sie hätten diese Länder entdeckt. Aber doch nicht ohne uns! Wir haben den Kurs überwacht, haben in Küstennähe die Wassertiefen gemessen und immer rechtzeitig Steuermann und Kapitän aus dem Schlaf geweckt, wenn Gefahr drohte. Wir Seeleute! Keine Bauern mit Waldgrundstücken.«

Fenrir gab ein wütendes Fauchen von sich.

»Und ihr alle, die nach Nordfriesland zum Fest gesegelt seid, habt euch als Lehrlinge auf See beworben. Die Menschen nennen sie ehrenvoll Kadetten. Ihr alle werdet Spezialisten zur See und einmal auch Vormann. Wer von euch das nicht möchte, darf sich melden. Er ist entschuldigt, dass er einem Wald-Vormann Vertrauen auf dem Meer geschenkt hat. Allen anderen werde ich auf dem Rückweg so viel beibringen wie möglich. Wir erwarten einen steifen Nordwest – einfach wird es nicht. Aber ich weiß – ihr seid mutig.«

Fenrir in seiner mohnroten Schwimmweste verdrückte sich in die Büsche. Der Wirt und seine Helfer klatschten Beifall. Aber war jetzt auf die jungen Leute Verlass? Thorke suchte Brandurs Blick, und als ob er wüsste, was ihre Sorge war, hob er die Schultern zu einer unbestimmten Geste.

※

Als Stigandr und Thorke wieder zum Hof kamen, kreuzte der Professor ihren Weg. »Ihr fahrt jetzt los? Ich wünsche euch Glück.«

»Danke, lieber Professor«, sagte Thorke. »Willst du nicht als Dolmetscher mitkommen? Hier auf dem *spark* ist neben mir noch Platz.« Sie klopfte auf den Holzsitz.

»Im Leben nicht!«, rief Matti und sprang so weit zurück, dass er außerhalb der Reichweite von Thorkes Armen war. Sein Zylinderhut fiel dabei herunter und gab zottelige schwarze Haare frei. Stigandr reichte ihm seinen Hut. »Ich bin ein furchtsames Wesen und würde mich bei den Huldren zu Tode fürchten.«

»Aha, deswegen dein Stockdegen«, entschlüpfte Thorke, bevor sie sich hindern konnte.

»Du spionierst mir nach!« Matti war bis auf Äußerste empört.

»Nein, überhaupt nicht«, rief Thorke ihm nach, weil er sich auf der Stelle entfernte, aber ihre Entschuldigung zeigte keine Wirkung.

»Er ist sehr empfindlich, unser Professor«, bemerkte Stigandr.

»Offenbar. Dann auf nach Lund!«

✳

Aber noch immer kamen sie nicht los. Offenbar war das Boot repariert, denn es brach durch den Wald wie ein Bär. Brandur, der inzwischen zurückgekommen war, stellte sich neben Thorke und Stigandr. Er bestätigte, dass er die Planken gerichtet hatte und Örnen wieder seetüchtig war. Und dann hörten sie wieder das »Huh, huh, huh, hu, hu«, das den Ruderern galt, die die Schlagzahl erhöhen sollten.

Brandur seufzte. »Fenrir versteht nicht, dass ein Schiff durch sein Kommando nicht schneller wird. Er behandelt ein Boot wie ein Pferd beim Pflügen.«

Thorke grinste. »Würde meinem Vater Spaß machen. Wir aber müssen jetzt los, Stigandr.«

✳

Sie nahmen die Fähre von Puttgarden nach Rødby. Unter Deck suchten sie eine stille Ecke für sich aus – viele Autos waren ohnehin nicht unterwegs. Paps Lunchpaket, das Thorke im Korb mitgenommen hatte und erst jetzt auspackte, war erstklassig. Zuoberst gegarte Langusten, dazu schwedische Süßwasserkrebse für Thorke. Mit Zitrone und einer leckeren Soße.

Darunter eine überdimensionierte Schüssel mit einer schwarzen Masse. »Fiskepudding«, Fischpudding, schwärmte Stigandr und kriegte sich vor Verlangen kaum noch ein. »Dass dein Vater den zubereiten kann! Den gibt es bei uns Trolle seit Jahrhunderten, wir haben ihn erfunden, und ich dachte, es sei ein Geheimrezept! Mit Schellfisch, Tintenfisch Heringsrogen und Miesmuschelsoße.«

»Paps wusste ja nicht, dass du Veganer bist.«

»Ach was, Fiskepudding ist für Veganer!«

Stigander schlug zu, die Schüssel war im Nu leer. »Oh, ein Klecks auf meiner neuen schönen Weste!«

»Die lässt sich waschen. Was meinst du, Stigandr, ist Matti wirklich so ängstlich, wie er behauptet?«

Der Troll schüttelte den Kopf, dass die Haare flogen. »Arto kam gestern verweint zu mir und hat mir einiges erzählt. Nichts Konkretes, nur, dass er Angst vor Matti hat, er weiß aber selbst nicht, warum. Gewalttätig ist der Professor sicherlich nicht – aber wie wir ist er auch nicht. Ich meine, wie du und ich.«

Thorke lachte und schüttelte den Kopf. »Nein, gewiss nicht. Wir legen an, hörst du?«

✳

In Dänemark lag genauso viel Schnee wie in Nordfriesland, und Stigandr stieß und schob den *spark* mit atemberaubender Geschwindigkeit am Rand der gut ausgebauten Straßen durch den Schnee. Er hatte anscheinend ein angeborenes Gefühl für Richtungen und Ziel, und so brauchten sie nicht lange, um das Terminal für die Fähre von Kopenhagen nach Malmö zu finden. Ein Glück, denn Thorkes Hinterbacken protestierten wegen des harten Sitzes bereits.

Lund lag einige Kilometer von Malmö entfernt. Stigandr benötigte keine Karte, um zu wissen, wohin er wollte. Die große Fahrstraße mied er, stattdessen wählte er eine schmalere Straße am Ufer des Sunds entlang. Rechts gab es in weitem Abstand ältere Wohnhäuser, von denen einige noch

Eiskeller besaßen, die durch ihre runden Kuppeln auffielen. Links war das schmale, steinige Ufer, von dem Stege ins Wasser führten. In einem Kiefernwald bog Stigandr auf einen Weg ein, der nur für Fahrräder und Pferde bestimmt war, und dann standen sie plötzlich am Stadtrand.

In Lund parkten sie den *spark* neben dem Dom und machten sich zu Fuß auf in den Hain. Dort herrschte in den Baumwipfeln große Aufregung. Die Käuzchen, die sonst bei Tage schliefen, flogen von Familie zu Familie und schienen sich zu beraten. Nicht erstaunlich, dachte Thorke, denn sie alle waren für den Flug der Tomtar nach Nordfriesland gebucht und wussten immer noch nicht, was los war.

Kapitel 20

ℐn Lund hatte man sie anscheinend am Springbrunnen erwartet. Auf Thorke trat die größte und eleganteste Dame zu und reichte ihr die Hand mit sorgfältig schwarz lackierten Fingernägeln. Ihre Frisur bestand aus blonden Locken, die kürzlich geschnitten waren und ihr schlankes Gesicht gefällig umrahmten. Dazu trug sie das Gewand, fast durchsichtig, wie Kjell es beschrieben hatte. Eine Dame von Kopf bis Fuß. Thorke war beeindruckt. Das hatte sie nicht von einer Waldfee erwartet.

»Willkommen, Thorke«, sagte die Waldfee mit einer angenehm warmen Stimme. »Guten Tag, Stigandr. Schön, dich wiederzusehen.«

»Woher wisst Ihr …?«, begann Thorke und wurde unterbrochen.

»Sag gerne Syra zu mir, so nennen mich Freunde. Und wir wissen natürlich, wer zu uns in freundlicher Absicht kommt.«

Den Empfang hatte sich Thorke auch ganz anders vorgestellt, ganz abgesehen davon, dass sie auf die Tomtar gehofft hatte. Dabei klang Syra so ehrlich. Auch Stigandr enthielt sich jedes warnenden Geräusches. Konnten Waldfeen wirklich so gefährlich sein, wie ihnen zugeschrieben wurde? Oder war Syra einfach nur raffiniert? Sicherer, lieber dies vorauszusetzen und nicht herzlich zu erwidern. »Was habt ihr mit unseren Tomtar gemacht?«, fragte sie in unbeirrt strengem Ton.

»Nichts. Als wir kamen, sind sie Hals über Kopf geflohen.«

»Kein Wunder, oder?«

»Du meinst, weil uns der Ruf vorausgeht, dass wir Tomtekinder stehlen und essen?«

»Ja.« Dass Syra diesen Vorwurf direkt ansprach, nahm Thorke den Wind aus den Segeln.

»Davon ist nichts wahr, Thorke. Wir stehlen und essen Tomtarna nicht. Gar kein Fleisch. Wir hassen auch kein Troll.«

Stigandr, der sich im Hintergrund hielt, schien noch ungläubig.

»Diese Gerüchte sind entstanden, weil sich häufig ungehorsame Kinder gegen den Rat ihrer Eltern in den Wäldern verirren und dann uns die Schuld geben. Es ist im Gegenteil so, dass wir ihnen, wenn wir es bemerken, ein Reh oder einen Auerhahn schicken, mit dem Auftrag, ihnen den Weg aus dem Wald zu zeigen. Wenn Kinder in einen Sumpf geraten und verschwinden, sind natürlich auch wir machtlos.«

»Wirklich?« Thorke schüttelte vor Erstaunen den Kopf. »Ihr versucht aber auch gar nicht, den Gerüchten entgegenzutreten.«

»Das ist richtig. Wir bestärken sie. Wir hoffen, die Menschen damit vom Jagen in den Wäldern abzuhalten.«

»Die Tomtar jagen nicht, haben aber auch Angst. Weißt du, wo sie sind?«

Syra winkte hin zum großen Universitätsgebäude. »Sie verstecken sich in den Buchsbaumbüschen davor.«

Eine rote Zipfelmütze tauchte in einem Busch auf und darunter ein Kopf, der bestätigend nickte.

Thorke wunderte sich jetzt noch mehr. Nichts stimmte, was sie über Huldren gehört hatte. »Dies ist aber kein

Wald, sondern ein Hain mitten in einer Innenstadt. Die Stadt ist Tomteland. Was macht ihr hier?«

»Wir möchten mit den Tomtar sprechen.«

»Warum?

»Um sie um Erlaubnis zu bitten.«

Thorke ging die Geduld aus. »Syra, sprich doch bitte klar heraus, was ihr wollt.«

»Hafergrütze!«, sagte Syra bescheiden. »Wir möchten so gerne mit allen anderen zusammen die Grütze deines Vaters kosten dürfen. Nicht nur, weil Weihnachten ist. Wir fühlen uns vom übrigen Kleinvolk ausgeschlossen und möchten das gerne beenden.«

Thorke staunte.

Im nächsten Augenblick flogen einige Zipfelmützen aus den Büschen in die Höhe. Sie wurden begeistert geschwenkt. »Ja«, riefen einige zaghaft, aber die Mehrheit brüllte »Nein«.

»Hier stimmt etwas nicht«, stellte Thorke fest. »Was das Problem ist, muss geklärt werden.«

✳

In diesem Durcheinander von Meinungen piepste ein Tomtekind: »Da ist ja auch Stigandr!«

Und schon stürzte eine Kinderschar auf den Troll, zog ihm die Beine weg und setzte sich rittlings auf ihn. Es dauerte nicht lange, und er wand sich wie ein Aal und kichernd unter ihnen. »Hört auf«, rief er kläglich und feuerte sie damit noch mehr an, ihn an seinen empfindlichen Stellen zu kitzeln.

Thorke war sich im Klaren, dass Stigandr sich absichtlich hingeworfen hatte, um den Kindern Spaß zu bereiten. Die Huldren lachten auch und klatschten in die Hände vor Freude. Erst geraume Zeit später ließen die Tomtar von ihm ab, und schließlich stand er mit einer Armvoll Kleiner da, einige saßen triumphierend auf seinen Schultern.

✳

Nach dieser stürmischen Begrüßung zog Thorke einen Zettel aus der Tasche. »Ich habe eine Namensliste mit, um alle Tomtar aufzurufen, damit wir keinen vergessen.«

»Nur zu«, bot Syra an.

»Langsam«, mahnte ein Tomte, der mit einer Abordnung seiner Leute zu Thorke kam. »Wir vermissen einen Zweijährigen. Er muss gefunden werden. Wir haben die Huldren in Verdacht.«

Die übrigen erwachsenen Tomtar kletterten vorsichtig und argwöhnisch aus dem Buchsgebüsch heraus und stellten sich im Kreis auf. Thorke rief jeden Einzelnen auf und hakte ihn ab. Nis blieb verschwunden.

Seit einigen Stunden hatte ihn anscheinend keiner gesehen, selbst seine Mutter nicht. Alle nahmen an, dass er mit den Größeren im Gebüsch Verstecken spielte.

Die Huldren lächelten verschmitzt. Thorke merkte es und hatte plötzlich Angst, dass sie wider Erwarten einem heimtückischen Spiel erlegen war.

»Wir wollen die Mutter nicht auf die Folter spannen. Ich vermute, dass er bei mir ist«, sagte Syra lächelnd und drehte sich um.

Und tatsächlich. In Syras hohlem Rücken war eine kleine Hängematte gespannt. Darin lag ein Winzling von Tomte und schlief mit dem Daumen im Mund. Er schnorchelte und sabberte zufrieden vor sich hin.

»Wir haben ihn inmitten einer Besuchergruppe entdeckt, die gerade den Dom besichtigen wollte«, erklärte Syra, »und haben ihn herausgeholt. Er wäre in dem Riesengebäude verloren gegangen.«

Seine Mutter erbleichte vor Schreck und wollte ihn gleich an sich nehmen.

»Lass nur«, sagte Syra beschwichtigend. »Wir begleiten euch nach Nordfriesland, wenn wir dürfen, in Käuzchengeschwindigkeit. Und ich fliege ganz vorsichtig. Keine Freudenvolten. Nis wird von der Reise gar nichts merken und kommt ausgeschlafen an.«

»Seid ihr jetzt alle einverstanden«, fragte Thorke in die Runde, und ein vielstimmiges »Jaaa«, bestätigte sie.

Mutter Ylva vergewisserte sich mit einem Blick zu Thorke, die nickte. »Ja, wenn du ihr traust, tue ich das auch. Dann vertraue ich dir Nis an, Syra.«

Die Huldren rafften ihre durchsichtigen Gewänder an sich und lüfteten bereits ihre spinnwebleichten Flügel zum Losfliegen, als es eine unerwartete Unterbrechung gab.

Ein Hund verirrte sich in ihre Reihen. Mit schwarzem zottigen Fell und runder Schnauze war er das Gegenteil von furchterregend trotz seiner Größe, die einem frischgeborenen Kalb nahekam. Thorke drängte sich sofort zu ihm durch, sprach mit ihm und kraulte ihn hinter den Ohren. Als er genug von ihren überschwänglichen Liebkosungen hatte, schnüffelte er sich schweifwedelnd durch die Scharen von Huldren und Tomtar durch und bekam überall freundliche Aufmerksamkeit. Eine Huldra holte sogar ihren Kamm heraus und begann, sein struppiges Haar zu glätten.

Ein Gedanke wie eine vergessene Erinnerung stob durch Thorkes Kopf, und dann war er schon wieder verschwunden. Aber der Hund warf sich hin und gab beim Kämmen Laute des Wohlbefindens von sich.

Thorke schmunzelte, und Stigandr lachte laut.

Schließlich traf der Hund auf die letzte Huldra in der

hintersten Reihe, die ihn noch nicht begrüßt hatte. Diese streckte ihm abwehrend die Hände entgegen und wich zurück.

Syra wurde aufmerksam und musterte Bergit scharf. »Warum hast du Angst?«

Der Hund knurrte laut und aggressiv. Seine Nackenhaare sträubten sich.

»Haltet ihn fest!«, schrie Bergit in Panik. »Er will mich beißen.«

»Hast du das tatsächlich vor, Hund?«, fragte Syra.

Der Hund drehte sich zu ihr um und gab ein besänftigendes »Wuff« von sich.

»Er meint dich persönlich, Bergit. Wo bist du zu Hause?«, fragte Syra.

»Bei Kiruna. Da, wo in den Bergwerken gearbeitet wird. Und bevor du noch weiter fragst: Ich halte dein Anschmiegen an Tomtar und Menschen für falsch. Ich bleibe Anhänger unserer alten Kultur. Wir sind Feinde eurer schwächlichen Kobolde. Auch mit Menschen wollen wir nichts zu tun haben. Jetzt, wo immer mehr abgeholzt wird, bedrängen sie uns tagtäglich.«

»Weshalb wolltest du denn mit uns nach Nordfriesland reisen?«

»Ein Anlass hätte sich gewiss geboten, euch zu überzeugen, dass ihr nicht zu denen gehört«, antwortete Bergit gehässig. »Eine perfekte Möglichkeit zur Umkehr wäre ja schon gewesen, die kleine Missgeburt in deinem Rücken unterwegs rauszuschmeißen.«

»Du Verräterin an allen Huldren, die sich um Verständigung mit dem Kleinvolk und den Menschen bemühen«, rief Stigandr empört.

Bergit streckte die Brust aufreizend vor. »Du kannst mir mal die Stalagtitten kraulen!«

Die Huldren versteinerten vor Schreck. »Was für eine vulgäre Sprache sprichst du denn?«, rief Syra entgeistert.

»Die ehrliche Sprache der Bergwerke und des Waldes in Lappland, wo ich hingehöre«, antwortete Bergit und hob mit sirrenden Flügeln ab, um hinter den Baumwipfeln nach Norden zu verschwinden.

Stigandr aber klatschte sich auf die Oberschenkel vor Vergnügen und lachte ein brüllendes Troll-Lachen. »Ich hätt's gemacht«, rief er. »So ein Angebot bekommt man nicht alle Tage.«

Syra sah ihn streng an, und da lachte er noch mehr. »So ganz habt ihr den Übergang in die moderne Welt noch nicht geschafft, auch wenn ihr euch jetzt darum bemüht.«

»Und wo bleibt dein Kulturbewusstsein, Stigandr?«, tadelte Thorke ihn.

Er hörte gar nicht auf zu grinsen. Dann sah er Thorke treuherzig an. »Das Wort habe ich in der Schule nie gehört. Ich lerne dazu, Thorke. Ist das nicht gut?«

Kapitel 21

$\mathcal{D}$er Tont erwartete sie schon auf dem Hof, als sie ankamen, Thorke und Stigandr als Erste, da Stigandr den *spark* mit Überschallgeschwindigkeit getreten hatte und sie in beiden Häfen in Malmö und in Rødby eine sofort ablegende Fähre entdeckt hatten.

»Habt ihr die Tomtar gefunden?«, schrie Arto und hüpfte vor Aufregung auf der Stelle.

»Nicht nur die Tomtar. Wir haben auch die Huldren gefunden«, antwortete Thorke und sprang vom Sitz. »Es war richtig spannend, sie als gefährliche Gegner zu vermuten, bis sie endlich gestanden, dass sie Appetit auf Grütze, nicht auf Tomtarna haben. Im Ernst: Sie möchten bei uns mitfeiern. Als Teil des Kleinen Volks. Sie hatten die Tomtar nicht gefangen genommen. Die waren geflohen. Komm mit ins Haus, Arto, dann erzählen wir dir alles.«

Arto runzelte verwundert die Stirn, als er erstmals das kahle Wohnzimmer der Lorenzens betrat, und setzte sich auch nur unbehaglich auf die Kante des Sofas.

»Hast du denn schon mal einen Tomte erlebt, Arto?«

»Nein, noch nie, aber sie sind doch mit uns Tondid verwandt, und ich bin ganz gespannt auf sie.«

»Auf die Huldren hoffentlich auch. Sie sind freundliche Wesen. Nur eine nicht, und die wurde von einem Hund vertrieben.« Thorke beschrieb ihm, was passiert war.

Arto guckte irritiert. »Gehörte der Hund zu den Huldren?«

»Nein, eben nicht. Der tauchte plötzlich auf. Er war ein ganz Lieber. Zu uns allen. Nur zu einer einzigen Huldra nicht, die hat er böse angeknurrt, und dann flüchtete sie.«

Arto zog die Schultern vor Angst zusammen. »Hoffentlich ist er in den Wäldern dort verschwunden. Er könnte ein Böser sein und sich verstellen.«

Jemand klopfte an der Tür, und Thorke rief: »Herein!«

Matti steckte den Kopf zur Tür herein. »Ist's erlaubt, das Gespräch zu stören?«

»Du störst nicht. Komm nur.« Thorke setzte ihr Gespräch mit Arto fort, während Matti auf dem Sofa Platz nahm. »Du fürchtest dich auch bei uns immer noch, Arto?«

»Ja. Ich weiß nie, was hier auf mich zukommt. In Estland ist es im Winter schaurig, wenn man im Wald lebt, weil man vor den Bösen fliehen muss, die dort überall sind, wie man sagt.« Arto schüttelte sich. »Ihr müsst euch vorstellen, dass die Wälder Estlands im Wasser stehen, Moore gibt es überall, essen kann man als Tont nur Vogeleier im Frühjahr oder Kröten oder Eierschnüre der Kröten und Pilze. Mit viel Glück einen Fisch fangen. Die Mutterelche ließen uns manchmal reiten, um zu einem anderen Gewässer zu wechseln, aber nicht, wenn sie Kälber hatten. Und vor den Wildschweinen mussten wir uns immer in Acht nehmen.«

Arto machte eine Pause, als durchlebe er die ganzen Schrecknisse des Waldes, und fuhr dann fort, sie zu schildern. »Freundliche Vögel, die uns aufsitzen ließen, hatten wir nicht. Die Auerhähne spreizen sich nur eitel, um einer bestimmten Auerhenne zu gefallen, und die blieben sowieso am Ort und beachteten uns nicht einmal. Die Allergefährlichsten aber waren die Schreiadler. Die schreiten unhörbar hinter einem her und überfallen einen von hinten, als wäre man ein zweibeiniges Kaninchen.«

»Fußjagd nennt man das«, warf Matti ein.

Arto nickte heftig. »Und befindet man sich erst einmal im Nest, in dem schon ein Jungvogel geschlüpft ist, ist man verloren. Diese Adler legen nämlich nur zwei Eier, und das schon geschlüpfte Jungtier tötet den Nachkommenden im Ei. Denn der ist nichts anderes als ein Nahrungskonkurrent. Hat mir jemand mal so erklärt.«

»Ja, auch das stimmt. Obendrein verfüttern diese Adler nur Wirbeltiere. Ein Frosch ist aber nichts im Vergleich zu einem strampelnden Tont.«

»Einmal fand ich eine rote Zipfelmütze im Gras und entdeckte da erst, dass ich unterhalb eines Nestes stand.« Arto standen die Tränen in den Augen.

»Wie schrecklich«, sagte Thorke leise. »Und es hört sich an, als ob du dich auch mit diesen Adlern auseinandersetzen musstest, Matti.«

»Jeder, der in den Wäldern von Estland lebt. Die sind für uns gefährlicher als Wölfe oder Bären.«

»Wenn wir aus Zufall in die Nähe eines Hauses kamen, haben wir aus Speisekammern Essen stehlen können«, bekannte Arto, der noch lange nicht mit seiner Erzählung fertig war. »Die Hintertüren sind gegen Bären verriegelt, aber nicht gegen Tondid.«

»Ein Stift im Riegel ermöglicht, dass man auch von außen öffnen kann«, ergänzte Matti. »Falls ein Pilzsucher in Not schnell unterschlüpfen muss.«

Thorke fiel allmählich auf, dass der Professor erstmals keinen Zylinder trug. Und einen struppigen, schwarzen Schopf hatte. Innerlich sah sie vor sich einen Kamm, der durch ein verfilztes schwarzes Fell ruckte, und starrte plötzlich Matti mit offenem Mund an. Ihr fiel es wie Schuppen von den Augen.

Arto begriff schneller als sie. »Ein Gestaltwandler!«, kreischte er, fuhr vom Sofa auf und fegte zur Tür.

Matti konnte ihn gerade noch einfangen. »Beruhige dich, Arto, und setz dich wieder. Ja, ich bin ein Gestaltwandler.«

»Er hat uns geholfen, Arto! Ohne ihn wäre der kleine Nis nicht mehr am Leben. Der wäre ertrunken oder läge zerschmettert am Boden«, versuchte Thorke Arto zu beruhigen.

»Ich habe irgendeine Schurkerei gewittert, als ich erfuhr, dass Huldren statt der Tomtar in Lund waren, und habe mich deshalb dorthin aufgemacht«, erklärte der Professor. »Die Huldren des schwedischen Südens sind schon aufgeklärt, aber im Norden gibt es wilde, kriegerische Gruppen alter Art. Ich hoffte, ich könnte euch rechtzeitig warnen.«

»So etwas machen Gestaltwandler nicht. Sie sind die Bösen«, beharrte Arto.

»Da du lange im Wald gelebt hast, hast du die Veränderung gar nicht bemerkt, Arto. Viele Gestaltwandler nutzen ihre Fähigkeit heute für friedfertige Zwecke. Hinzu kommt, dass meine Mutter ein Kratt ist, mein Vater ein Tont. In dieser Konstellation habe ich noch nie einen bösen Gestaltwandler erlebt.«

»Konstellation?« Artos Gesicht war ein einziges Fragezeichen.

»Gemischte Eltern«, stellte Matti klar.

Arto schnellte wieder in die Höhe, fiel diesmal aber Matti um den Hals. »Dann brauche ich ja gar keine Angst mehr zu haben«, jubelte er. »Meine Konst… ist auch so.«

»Wovor hattest du denn nun genau Angst?«, erkundigte sich Thorke. »Ich dachte vor Gestaltwandlern, die dich verfolgen.«

»Auch. Aber noch mehr hatte ich Angst davor, ich könnte selbst einer sein. Meine Eltern haben mir darüber nichts erzählt, weil ich noch so klein war. Später bestärkte das meine Furcht.«

»Mit was für Ängsten musstest du dich als Kind herumplagen?«, fragte Thorke mitleidig. »Vor Elchkälbern, vor Rehen, die Gestaltwandler sein konnten, vor Adlern, die dich verfüttern wollten, vor Kröten, die das Verspeisen ablehnten …«

Da kicherte Arto. Matti drückte ihn väterlich und setzte ihn neben sich ab.

»So wie Arto dich wohl schon länger im Verdacht gehabt hat, du seist ein Gestaltwandler, Matti, habe ich mich gewundert, dass du alles, was du uns als Sachverständiger erzählt hast, vorher anscheinend im Buch nachlesen musstest. Es lag aufgeschlagen auf deinem Nachttisch.«

Der Professor lachte schallend. »Ich habe eine Zahl nachgeschlagen, das stimmt. Im Übrigen habe ich das Buch unter einem Pseudonym selbst geschrieben.«

»Oh!« Thorke war etwas beschämt wegen ihres Verdachts, den sie zu überspielen versuchte. »Also, du hattest ausschließlich Angst vor Verfolgung?«

»Ja. Es spricht sich rum, wer nicht zu der klassischen Zunft der Gestaltwandler gehört. Ich und einige andere gehören zu den Modernisierern, und wir sind unerwünscht. Uns möchte man gerne loswerden. Beseitigen.«

»So was«, murmelte Thorke. »Die Gesellschaft des Kleinen Volks ist ja genau so kompliziert wie unsere. Aber deswegen nimmst du auch den Stockdegen meistens mit. Jetzt verstehe ich das.«

Eine Antwort erübrigte sich, denn vor dem Fenster war lautes Knattern eines Mopeds zu hören. Thorke stand auf. »Lewe. Er kommt sich wegen des Heus beschweren.«

»Ja, dann verschwinden wir beide lieber«, sagte Matti zu Arto.

Sie waren kaum durch die Hintertür in den Garten gesaust, polterte vorne im Hausflur Lewe herein.

✳

Als Erstes hörte Thorke Lewes kräftiges, irgendwie vorwurfsvolles Räuspern.

»Wie kannst du denn deiner unnützen Tochter die Verantwortung für das Haus überlassen, Jonte? Sie handelte als Kind schon immer so unüberlegt.«

»Komm erst einmal in die Küche, Lewe. Und dann erzähl, was los ist.«

Thorke blieb in der Wohnzimmertür stehen, um zu lauschen. Nicht fein, aber manchmal überlebensnotwendig.

»Deine Thorke ist verrückt. Sie hört Stimmen und antwortet darauf. Ich höre nichts. Aber sie verhält sich, als ob sie mit jemandem diskutiert. Mit Gespenstern?«

»Nein.« Paps schwieg. Dann äußerte er sich zögernd. »Sie hat eine besondere Gabe.«

»Aha. Du weißt also davon, dass sie sich freundschaftlich mit gestohlenen Heuballen unterhält, Jonte.«

»Ich bezahle sie dir«, antwortete Paps, in die Enge getrieben.

»Das will ich hoffen. Meine Kühe sind hungrig. Und trächtig alle miteinander. Ich muss Heu nachkaufen. Das kostet dich das Doppelte, weil sie sich an das ungewohnte Heu erst gewöhnen müssen. Drücke mir die Daumen, dass keine daraufhin eine Fehlgeburt hat.«

»Ach«, begehrte Paps auf, »schmeckt den Damen fremdes Heu nicht? Das wäre eine ganz neue Schikane von Kühen. Habe ich nie kennengelernt.«

Thorke hatte den Eindruck, er sei gerade aus einem tiefen Schuldgefühl aufgewacht.

Paps fuhr fort, ohne Lewe Zeit für eine Erwiderung zu

lassen. »Aus zuverlässiger Quelle weiß ich, dass du deinen ganzen Bestand schon vor Wochen verkaufen wolltest. Und gerade einen Käufer in Ostholstein gefunden hast. Ich habe auch gehört, dass du inzwischen für eine Anstellung beim Straßenbau unterschrieben hast.«

»Habe ich«, knurrte Lewe. »Ich schicke dir die Rechnung.« Unmittelbar danach knallte die Haustür zu, und das Moped begann zu knattern.

Kaum waren die Tomtar angekommen und hatten die Schlafstätten besichtigt, gingen sie an die Arbeit. Sie verteilten sich auf der Strohschüttung des alten Stalls und packten die Geschenke aus den großen Kartons aus, die bei Gunilla auf dem *spark* mitgereist waren, sowie die kleineren, die die Gepäckkäuzchen transportiert hatten. Die Tonttut mischten sich unter die Tomtar und machten mit.

Gunilla stand im Stalleingang als strenge Jurorin, neben sich eine neugierige Syra. Akkurat musste es zugehen, auch wenn alle Gaben den Kindern in Nordfriesland galten, die sofort Schleifen, Siegel und Verpackungspapier aufreißen würden. Das war man sich schuldig.

Sie wanderten zusammen langsam den Mittelgang entlang und sahen sich beim werkelnden Kleinvolk um. Hinter ihnen schleppte Puk Jorke einen Eimer. Thorke als Hausherrin folgte still und warf nebenher einen Blick hinein. Der Eimer war voll mit leeren Schneckengehäusen, deren Sinn sie sich nicht erklären konnte.

Die beiden Damen waren sehr zufrieden mit den Geschenken aus Schweden. »Modern und von allen Kindern gewünscht, ob sie nun in Schweden oder in Deutschland wohnen«, stellte Gunilla fest. »Sie sehen im Fernsehen, was sie dringend brauchen.«

»Ein Glück, dass nicht wir verantwortlich sind«, meinte Syra lächelnd. »Von uns gäbe es Tannenzapfen, Tannenschösslinge und Säckchen voller Eicheln für Schweine. Das würde nach meiner Kenntnis Eltern mehr erfreuen als Kinder.«

»Ja, unsere Geschenke sind wohnzimmerverträglicher.«

Am Stallende machten Gunilla und Syra kehrt, wobei Gunilla über Jorke stolperte. »Was hast du denn mit den Schnecken vor, meine Kleine?«, fragte sie freundlich.

Jorke stellte den Eimer ab. »Wir von der Hallig schicken unseren Freunden vom Festland Schneckengehäuse als Geschenk. Mit ihnen kann man spannende Spiele spielen, zum Beispiel Bauernhof. Die großen Schnecken sind die Kühe, die kleinen die Schafe. Die Kinder haben hier nämlich keine Seeschnecken.«

Unter den Tomtar, die während Jorkes Erklärungen mucksmäuschenstill gewesen waren, brach Gelächter aus.

Thorke verschlug es genau wie den Damen die Sprache. Sie waren im Internetzeitalter, nicht im Schneckenzeitalter.

»Ist sie etwas unterkomplex?«, fragte Gunilla unverblümt.

»Nein, natürlich ist sie nicht dumm!«, raunte Thorke ihr zu. »Jorke wohnt auf der Hallig Langeneß, einer winzigen einsamen Insel in der Nordsee.«

»Danke.« Gunilla nickte dem kleinen Pukmädchen verständnisvoll zu. »Sieh mal, Jorke, Tomtar und Tonttut verpacken Bauteile von Außerirdischen und Robotern, außerdem ganze Playstationen und Ähnliches.«

»Mit denen spielen wir auch«, unterbrach Jorke sie, »aber hier sind Schneckengehäuse ganz was Neues und Ungewöhnliches.«

»Stimmt genau, Jorke«, pflichtete Syra ihr bei. »Das wären unsere Tannenzapfen auch.«

»Matti macht immer eindringlicher Andeutungen, dass sich die Menschen ändern und wir dies auch tun müssen.«

Syra nickte kummervoll. »Diese Situation bewegt auch uns. Wir hatten vor unserem Abflug deswegen eine streitbare Diskussion mit Bergit aus dem hohen Norden. Sie verweigerte sich unserer neuen Freundschaft und flog zurück. Dabei haben auch die Samen da oben Internet, zum Beispiel für die Verwaltung ihrer Rentierherden, und sie treiben sie mit Motorschlitten. Alles ganz modern.«

»Auch Huldren müssen sich dem anpassen. Das ist so unaufhaltsam wie der Sonnenlauf.«

»Ich fürchte, ja. Einen Moment habe ich sogar überlegt, ob ich meine Huldren zusammenrufe und wir zurückfliegen«, bekannte Syra. »Für uns ist hier alles ungewohnt.«

»Bitte nicht«, warf Gunilla ein. »Der Herr Paps gibt sich solche Mühe mit der Grütze. Und Thorke mit der Organisation.«

»Ich hatte es schon verworfen«, seufzte »Syra. »Es würde nichts ändern. Wir müssen uns weiterentwickeln.«

Angeregt diskutierend entfernten sie sich aus der Geschenk-Verpackungsstation. Thorke wanderte langsam hinterher, traf aber draußen nur Bock an, der mit einem Tragegestell auf dem Rücken geduldig auf die Auslieferung wartete. Neben ihm stand der *spark*, den Loke treten würde.

Kapitel 22

Jemand klopfte ans Wohnzimmerfenster. Brandur. Thorke öffnete einen Fensterflügel, und Brandur kletterte herein, eine leichte Übung für einen Seemann. Aber sie wunderte sich.

»Hier geht es ja zu wie in einem Ameisenhaufen«, beschwerte er sich. »Alle Ein- und Ausgänge besetzt, und wenn man dich einmal unter vier Augen sprechen will, hocken da schon sechs andere.«

»Nun übertreib mal nicht«, protestierte Thorke.

»Ich wollte dir einen Vorschlag machen. Bei euch ist die Küche der gemütlichste Raum, aber sie ist so klein. Bei uns in Island gibt es nur unseren großen Allzweckraum: Da schlafen die Kinder, während wir Alten uns unterhalten oder singen, in der Mitte brennt das Koch- und Heizfeuer mit einem Wasserkessel darauf, und an den Wänden sind eingebaute Betten mit Felldecken und Daunenkissen. Wir leben gerne so in der Gemeinschaft.«

»Ja. Gefällt mir auch«, stimmte Thorke ratlos zu.

»Und nun sieh dich hier um«, sagte Brandur und tat es selbst. »Ein durchgesessenes Sofa – so nennt ihr es wohl –, eine harte Schlagbank, alle beide ohne Kissen. An den Wänden keine gestickten Bilder, auf dem Fußboden keine hübschen Webteppiche. Am Fenster ein Klapptisch ohne Tischdecke, nicht einmal ein Teller mit Moos und Kerze, nur ein Adventskranz, das gebe ich zu. Dazu vier Stühle ohne Sitzkissen.«

»Ich habe deinen Tadel verstanden«, sagte Thorke wütend und fand, das alles ginge Brandur gar nichts an. »Mams ist häufig als Sängerin auf Reisen, und ...«

»Du verstehst mich falsch, Thorke«, fiel Brandur ihr ins Wort. »Du hast es nicht nötig, dich zu rechtfertigen. Ich vermute, wenn deine Mutter nicht da ist, trägst du auch mehr oder minder die Verantwortung für deinen Bruder und das ganze Anwesen, weil der Herr Paps abends müde ist.«

»Mm«, grummelte Torke zustimmend.

»Als Seglerin weißt du sicher, dass wir Klabbis alles an Bord selbst nähen. Kaufen können wir nichts. Sollen wir in eurem Wohnzimmer ein wenig nachhelfen?«

»Was meinst du genau?«

»Wenn du passenden Stoff hättest ... könnten wir Auflagen und Kissen nähen, zum Beispiel.«

»Ja.« Thorke wusste nicht so recht. »Seid ihr denn auf Nähen eingerichtet? Ich habe gemerkt, dass ihr strickt und häkelt ...«

»Das ist Freizeitvergnügen«, wehrte Brandur ab. »Das meine ich nicht. Hier geht es um Ausstattung, um berufliche Tätigkeit, die wir leisten können. Eine Dörns ist wie eine Kajüte.«

»Ihr habt alles dabei?«

Brandur nickte. »Unsere Notausrüstung beinhaltet normale Nähnadeln, dreieckige schneidende Nadeln, Rundnadeln, Stechbeitel, Hammer, Segelmacherhandschuhe, Zangen, Ösen, geflochtenes Tauwerk, geteerte Fäden, Garnrollen, Schneiderscheren ...«

»Halt!«, rief Thorke lachend. »Du hast mich überzeugt. Stoff hätte ich. Ich habe mal einen Ballen Segeltuch gekauft und auf einem Flohmarkt handgewebten Leinenstoff – beide, weil sie so schön waren.«

»Gib uns eine Nacht!«

»Wofür?«

»Zum Zuschneiden und Nähen. Und einer muss Eiderdaunen besorgen. Der Wirt der Sperrigen Auster hat schon
Enten auf den Nestern sitzen, habe ich gesehen.«

Ungläubig stieg Thorke die Treppe hoch und holte mit dem
Hakenstock die gefaltete Klapptreppe zum Spitzboden herunter. Die in Plastik eingeschlagenen Ballen brachte sie
Brandur. Er wickelte die obersten Lagen ab, betrachtete sie
sachkundig und nickte zufrieden. »Brauchbar. Nun scher
dich raus, Thorke, wenn ich das so unhöflich sagen darf,
und lass uns ungestört arbeiten.«

So ganz war Thorke noch nicht bereit, ihm das Feld zu
überlassen. »Was arbeitet ihr an Bord denn so?«

»Segel, Bettzeug, Zelte für Übernachtungen draußen,
wir knüpfen Hängematten, drehen Tauwerk, flechten,
spleißen, knoten Zierschnüre und so weiter. Es geht an
Bord immer etwas kaputt oder muss ausgebessert werden,
das weißt du ja selbst. Wir haben gut zu tun.«

Handwerk, das gelernt werden musste. Thorke war beeindruckt.

»Übrigens fällt mir noch etwas ein, was ich dich fragen
wollte. Stimmt es, dass dein Paps bei der Marine war?«

Verwundert nickte Thorke. »Er war auf einem Schul-
schiff und ist in seiner Freizeit auf unterschiedlichen Boots-
typen gesegelt. Das ist mein Erbe von ihm. Singen sollte
man mich dagegen nicht lassen, ich ruiniere jeden Chor.«

Brandur lachte lauthals. Beeindruckt vom Verschöne-
rungsangebot verließ Thorke das Wohnzimmer. Hinter
sich hörte sie Brandur das Fenster aufstoßen und mit seiner
Bootsmannspfeife ein rhythmisches Signal abgeben. Gewiss eine Art Sammelsignal.

Danach trappelten viele Füße über den Hof, Klabbis stürmten durch Vorder- und Hintereingang, und Thorke brachte sich auf der Treppe in Sicherheit.

Nachher rannten einige Klabbis wieder aus dem Haus, vermutlich, um das Werkzeug zu holen. Als sie zurückkamen, verstummte das Reden, und betroffene Stille herrschte. Irgendetwas war passiert, so viel verstand Thorke.

※

Sie schlich zur Dörns, wo sie von Brandur in der Tür entdeckt wurde. »Unsere Werkzeuge sind fort«, sagte er bekümmert.

»Alles, was du aufgezählt hast?«

»Das Wichtigste. Vor allem Nähnadeln, Garn, Segelmacherhandschuhe ...«

»Also kleinere Dinge. Kein Hammer, zum Beispiel.«

»Ja, das ist auffallend. Das geht nach einem Plan.«

»Hatte Matti nicht erzählt, dass das Kleinvolk gerne Streiche spielte, um unfreundliche Bauern zu ärgern?«

Brandur seufzte. »Danach sieht es aus. Die meisten suchen draußen im Boot und im Wald. York, Thore, Jonne, Gösta, Ejvind und ich hier im Haus.«

»Und ich.«

»In Ordnung. Du kennst das Haus so gut wie York.«

Thorke nahm sich erst einmal ihr eigenes Zimmer vor, dann alle Gelasse, die kleine Gegenstände verbergen konnten. Fündig wurde sie nicht.

Eine ganze Weile später hörte sie die Rufe, mit denen Brandur die Suche abblies. York stand im Wohnzimmer, den Arm voll von feucht beschlagenen Metallgegenständen und gefrorenen Segelmacherhandschuhen. »In der Tiefgefriertruhe im Keller«, sagte er.

Brandur hatte bereits das Fenster geöffnet und das Signal zum Sammeln geblasen. »Wir sind jetzt spät dran«, erklärte er Thorke.

»Wer war es?«

Brandur zuckte mit den Schultern und schob sie aus dem Raum.

✦

Fenrir verließ den Hof mit einer Geschwindigkeit, als ob es hinter ihm brenne. Er trat wütend einen *spark,* auf dessen Sitz ein Klabbilehrling mit leeren Säcken im Arm saß. Er hatte nicht die Absicht, Daunen am Deich oder bei den Bäumen einzusammeln, wie Brandur befohlen hatte. Zumal viele Nester vermutlich noch schneebedeckt und die nach dem Winter verbliebenen Federn schmutzig waren. In Island wäre das alles viel einfacher gewesen, da gab es viele Leute mit Vorräten von Daunen, die sie den Winter über säubern mussten, weil sie mit Gras und Spelzen verschmutzt waren. Und die Säcke standen verkaufsfertig in Nebengebäuden.

In diesem Land musste man auf andere Weise schlau sein. Fenrir hatte im Hinterhof der Sperrigen Auster eine ganze Batteriereihe von Käfigen für Eiderenten gesehen. Sofern der Wirt neben seiner Arbeit in der Kneipe die Daunen nicht alle aus den Nestern hatte holen können, würde Fenrir sie einsammeln, trocken und fast sauber, da die Enten auf Stroh brüteten.

Fenrir hoffte, dass der Mann jetzt am frühen Vormittag beim Einkaufen war und der Helfer noch nicht da. Sie stellten den *spark* außer Sichtweite ab und schlichen zur Kneipe. Die Säcke ließen sie vorsichtshalber auf dem *spark.*

Im Haus war anscheinend niemand. Die Käfigtüren standen offen, und die Nester waren da. Da die Eiderenten nesttreu waren, wusste Fenrir nicht, ob und wann sie zurückkehren würden. In Island war alles einfacher.

»Na, seht ihr euch um, bis ich öffne?«, fragte der Wirt, ein etwas korpulenter Puk, hinter ihnen freundlich.

Fenrir richtete sich langsam auf. Nur nicht als vermeintlicher Dieb ertappen lassen. »Ja«, sagte er, »diese Methode der Haltung von Eiderenten kenne ich gar nicht. Jedenfalls nicht aus meiner Gegend in Island. Da laufen sie einem am Strand ständig über die Füße.«

»Ja, man macht es überall anders. Zum Glück sind sie friedfertige Tiere. Vielleicht wissen sie auch, dass die Brut im Käfig vor Füchsen und Raubvögeln geschützt ist. Es kommen immer die gleichen zurück.«

Fenrir sah keine andere Möglichkeit, als in den sauren Apfel zu beißen. »Könntest du uns Daunen verkaufen?«

Der Wirt lachte schallend. »Ausgerechnet euch aus Island? Sind euch die Planken auf dem Boot zu unbequem geworden?«

»Nö«, antwortete Fenrir mürrisch, bis ihm einfiel, dass er auf den Wirt angewiesen war. »Wir möchten uns bei den Lorenzens für die Grütze bedanken, die es morgen gibt. Mit Kissen, die wir nähen.«

»Das ist anständig«, rief der Wirt überrascht aus. »Weißt du was? Ich bedanke mich ebenfalls. Mit drei Säcken gesäuberten Daunen, die zum Stopfen fertig sind. Brandur hat den zertrümmerten Bootssteg so tadellos repariert, wie ich es nie gekonnt hätte. Er ist jetzt stabiler als vorher.«

»Das ist ein Wort!« Während der Klabbilehrling den *spark* holte, schloss der Wirt seinen Schuppen auf und setzte drei prallvolle Daunensäcke auf den Hof.

Mit dem Kleinen, der auf den Säcken saß, um sie festzuhalten, fuhr Fenrir zurück. Brandur erwartete sie auf dem Hof. »Donnerwetter«, sagte er ehrfürchtig. »Wie habt ihr das nur gemacht?«

»Tja«, sagte Fenrir stolz. »Wald-Vormann eben.«

✳

Gegen Morgen des nächsten Tages wurde Thorke hereingerufen. Die Klabbis lagen mit Ausnahme von Brandur erschöpft auf dem Fußboden, ihre Werkzeuge in einem Korb.

»York hat staubgesaugt und Ordnung gemacht«, erklärte Brandur. »Darin sind wir nicht so gut.«

Thorke nickte nur, sie war einfach sprachlos. Aus dem kahlen, unterkühlten Wohnzimmer war eine gemütliche Dörns geworden, in der gelebt werden konnte.

Auf dem Sofa lag jetzt eine gepolsterte Auflage aus Segeltuch, darauf mehrere daunengefüllte Kissen, abwechselnd aus gewebtem Leinenstoff und Segeltuch genäht, die Stühle waren mit flachen Sitzkissen verschönert. Selbst die bis dahin nackte Stehlampe hatte einen lockeren Überwurf aus Leinen erhalten.

Thorke umarmte Brandur und York, der hinter ihr stand, um das Werk der Klabbis ein zweites Mal zu genießen. »Dank an euch alle.«

✳

Am Mittag fuhr ein Taxibus vor. Mams kletterte heraus, und der Fahrer lud drei große Koffer aus. »Jonte, bezahlst du?«, rief sie.

Paps schnitt ein Gesicht, hatte aber den Geldbeutel auf dem Küchentisch bereitgelegt und trat aus dem Haus, hinter sich Thorke. »Gyde, ich muss dir etwas sagen.« Dann umarmte er sie. »Wir können im Augenblick nicht in unser Schlafzimmer. Dort und in der Dörns haben wir umfangreiche Umgestaltungsarbeiten. Ich wohne selbst im ›Sonnenhof‹. Am besten lassen wir die Koffer von deinem Taxi hinfahren.«

Mams runzelte ein wenig die Stirn. Aber Thorke bewunderte ihren Vater dafür, dass er die Unordnung im Schlafzimmer problemlos in einen Zusammenhang mit der umwerfend schönen Dörns brachte.

»Die Dörns steht zur Besichtigung frei«, lud er Mams ein und ging voraus in den Raum, in dem auch schon der geschmückte Tannenbaum stand. »Die Klabautermänner sind uns zur Hand gegangen.«

Na, das war ja wohl eine dicke Lüge! Aber Brandur, der im Flur wartete, zuckte gleichmütig die Schultern und grinste. Musste er vielleicht, besagte die Geste.

Dann trat Mams in die Tür und blieb starr vor Staunen stehen. Sie klatschte einen Augenblick später vor Freude in die Hände. »Wunderschön! Einfach herrlich! Und die Damen und Herren Klabauter haben die Kissen aus außerordentlich schönen Stoffen genäht und sogar mit Eiderdaunen gefüllt, wie ich sehe. Und das alles in den zwei Wochen, die ich weg war?«

»Nein, in einer Nacht. York, Brandur und ich haben sie heute früh erschöpft in ihr Boot getragen«, sagte Thorke.

»Hmm«, brummelte Paps.

»Ja, dass du nicht nähen kannst, Jonte, weiß ich doch. Und Thorke auch nicht. Eure Aufgaben sind einfach andere. Meine ja auch.«

»Das Kleinvolk ist zusammengeströmt, um Paps' weltberühmte Hafergrütze zu genießen«, verteidigte Thorke ihren Vater. »Ein Troll aus Norwegen und Kleinvolk aus Schweden, Dänemark, Island, Finnland, Nordfriesland und Estland hat sich eingefunden. Du kannst dir gar nicht vorstellen, wie es hier von ihnen wimmelt.«

»Stimmt. Und meine großen Modellautos sind von Nisse in Beschlag genommen. Die schlafen darin«, erklärte Oke stolz.

Thorke fuhr herum. »Du siehst und verstehst sie?«

»Ja, wieso nicht? Du doch auch.«

»Ja.« Das war es dann mit ihrer besonderen Begabung, dachte Thorke. Anscheinend hatten alle Kinder sie. Es wurmte sie ein wenig, aber lange blieb dafür keine Zeit. Paps und Mams fuhren mit dem Taxibus zum Hotel.

Und der Professor rief alle Gruppen des Kleinvolks zu einer Versammlung.

Kapitel 23

Eine Versammlung, um die mit ernster Stimme gebeten wurde, hatte es noch nie während eines fröhlichen weihnachtlichen Grützessens gegeben.

Thorke, die als Gastgeberin selbstverständlich anwesend war, bat die nach und nach ins Haus strömenden Gruppen in den alten Stall, in dem später gefeiert werden würde.

Die Nisse, Tomtar, Tonttut, Klabbis und Huldren setzten sich jeweils zusammen ins Stroh, die Puken verteilten sich als quasi Mit-Gastgeber zwischen den anderen, während Stigandr und Tont Arto bei Thorke blieben.

Für Professor Matti war eine Kiste aufgestellt worden, damit er von erhöhter Stelle referieren konnte, und vor sich hatte er einen Notenständer zum Aufstellen des von ihm verfassten Buches.

Er kam als Letzter, wie sich das für einen Vortragenden gehörte. Nach der Begrüßung holte er tief Atem. »Mir tut es leid«, sagte er, »euch für ein ernstes Thema zusammenzurufen, aber es gibt nur diese eine Gelegenheit im Jahr, zu der das gesamte Kleinvolk versammelt ist. Und dieses Jahr obendrein vervollständigt durch die Huldren.«

Der Beifall bewies, dass damit alle einverstanden waren.

»Nun zu der ernsten Angelegenheit. Ich fürchte, dass wir Kleines Volk dabei sind, aus dem Gedächtnis der Menschen zu verschwinden. Das wäre unser Ende, denn wenn uns niemand mehr in Haus und Hof, auf dem Schiff, in

Wäldern oder an Weihnachten benötigt – welch trostloses Dasein bliebe uns dann.«

Schweigen herrschte, niemand widersprach.

»Wir haben sogar ein Beispiel für den möglichen Verlauf dieses Vergessens unter uns«, fuhr Matti fort und wollte Arto gerne herbeiwinken, aber dieser schüttelte den Kopf und griff nach Thorkes Hand. »Unser junger Tont Arto hier aus Estland. Er musste in die Wälder flüchten, wie ihr alle schon gehört habt, und als Einzelgänger hat er es schwer gehabt, weil es nur wenige andere seiner Art gab und er keinerlei Erfahrung mit der Wildnis hatte.«

»Wo sind denn die anderen geblieben?«, fragte Tomte Gösta betroffen.

»Als die Menschen die Tondid vergaßen, erhielten sie keine tägliche Kost mehr und gingen in die Wälder, wo sie im Laufe der Zeit umkamen, als Speise für Raubtiere oder ertrunken in den Sümpfen … Sie wurden immer weniger.«

Stigandr ergriff das Wort. »Bei uns in Norwegen bevölkern Trolle die Wälder, man kann schon fast über sie stolpern. Die Menschen erzählen sich Geschichten über uns, fürchten uns oder auch nicht. Wir müssen keine Angst haben, vergessen zu werden.«

»Ja, da hast du recht. In Estland lief es ganz anders. Vor ungefähr zweihundert Menschenjahren entdeckten die Esten plötzlich, dass sie gar keine Geschichten über Geisterwesen wie Kobolde und Feen hatten, die sie sich erzählen konnten. Sie wussten nicht einmal mehr, dass es sie gegeben hatte. Und da die Menschen dort sehr fortschrittlich und modern sind, wandelten sie das, was noch bekannt war, um oder erfanden neue Geschichten und Sitten. Ein neuer Kobold ist beispielsweise der Päkapikk, der Weihnachtsgeschenke bringt.«

Arto nickte, er hatte ja schon mitgeteilt, dass es den in Wirklichkeit nicht gab.

»Und in der Sauna von heute wird vom mitgebrachten Getränk ein Tropfen auf den Boden gegeben – als Opfer. Als es die Tondid noch gab, hängte man in einen Baumwipfel einen Korb, den der Tont füllen sollte.«

Brandur meldete sich. »Es geht also darum, wie wir diesen Verfall aufhalten können, den du als zwingend kommen siehst.«

»Ja, genau«, bestätigte Matti. »Die Tondid sind das lebende Beispiel dafür. Ich vermute sogar, dass es Länder gibt, in denen unsere Art früher gelebt hat, aber dem Vergessen bereits anheimgefallen ist. Das wären Länder, in denen es einmal Menschen aus dem Norden gab und die nicht ohne unseren Beistand auskommen konnten, zum Beispiel Grönland, Spitzbergen, Vinland, Ostkarelien.«

»Von Ostkarelien weiß ich, dass die Tonttut verschwunden sind. Ich habe Verwandte von dort, die jetzt bei uns in Westkarelien leben«, sagte Thore.

Syra bat um das Wort. »Es scheint mir wichtig zu sein, die dazugehörigen Gruppen zu erweitern. Zum Beispiel um Huldren. Wir bitten offiziell um Aufnahme in das Kleinvolk.«

»Ja. Genau dieses Fortschreiten eines Schwunds von Kleinvölkern müssen wir verhindern!«, rief Matti energisch. »Da wir morgen Abend unser Fest feiern und übermorgen alle wieder nach Hause fahren, können wir jetzt keine großen Pläne für die Zukunft schmieden. Oder fällt jemandem spontan etwas Vernünftiges ein?«

»Du hast uns überrascht. Spontane Einfälle heute sind nicht gut, glaube ich, weil sie nicht durchdacht sein können.«

»Richtig, Brandur. Ich habe deswegen folgenden Vorschlag: Wir treffen uns ab jetzt drei Mal im Jahr zur Beratung. Wer will und Interesse hat oder sogar Ideen für unsere Zukunft, kommt. Alles ohne organisierte Gremien, wer vorträgt, trägt vor, und alle haben das gleiche Recht dazu. Die Aufnahme der Huldren befürworte ich ausdrücklich. Abstimmen müssen wir gemeinsam beim nächsten Treffen.«

»Bei uns in Island hieß das früher: Ting.« Brandur sprach, und alle Klabbis klatschten ihre Zustimmung, sogar Fenrir.

»Eben das meinte ich«, sagte Matti sehr zufrieden.

»Ein Ting in Island ist in Ordnung. Aber wie verständigen wir uns wegen der Termine?«, fragte Syra. »Ich bin häufig ganz im schwedischen Norden und brauche etwas Vorlauf.«

Der Professor lächelte verschmitzt und wandte sich an Thorke. »Du hast einen Apparat, mit dem man sich von einem Augenblick zum anderen mit der ganzen Welt verständigen kann, stimmt's?«

»Ja, das Internet«, antwortete Thorke verblüfft.

»Ich gehe davon aus, dass jede Gruppe des Kleinvolks einen Vertrauensmann unter den Menschen hat, so wie unsere Puken hier mit Thorke. Wenn noch nicht, muss ein Kontakt vorsichtig aufgebaut werden, den Thorke über unsere Termine informieren kann. Glaubt ihr, ihr bekommt das hin?«

Alle berieten untereinander, und Matti ließ ihnen Zeit. Die Finnen waren sich am schnellsten einig. In Finnland war es kein Problem, ebenso wenig wie in Dänemark und Schweden. Mit Sorge betrachtete Matti Stigandr, der zusammen mit Arto und Thorke zu ihm gekommen war.

Der Troll machte eine wegwerfende Geste. »Ich habe

doch neben einer Schule gewohnt und kann norwegische Dichter zitieren. Ich werde dem Lehrer gestatten, ein Buch über gelehrte Trolle wie mich zu schreiben. Als Gegenleistung werde ich Internetzugang verlangen.«

Matti und Thorke brachen in Lachen aus. »Arto nehme ich unter meine Fittiche«, versprach Matti.

Damit war immerhin ein Plan für die Zukunft des Kleinvolks umrissen.

※

In der Nacht wachte Thorke auf. Plötzlich wusste sie, warum. Der Wolf war wieder da, dieses Mal sogar mehrere. Und im Stall die Tomtar, jeder ein Happen für einen großen Wolf, sofern die Tür offen stand.

Schlaftrunken zog sie sich an und eilte nach unten. Dort war alles in bester Ordnung, die Tomtar schnarchten leise. Das Geheul kam aus dem Wald, wo Stigandr und die Huldren waren. Und Paps schlief im Hotel. Sie musste selbst nach dem Rechten sehen.

Sie bewaffnete sich mit einer Grabegabel und machte sich auf den Weg, dem Geräusch nach, das sie an den Bach mit der Sauna leitete.

Der Schrecken ließ sie am Waldrand stehen bleiben.

※

Drei Wölfe hockten vor der Sauna und heulten mit den Schnauzen in der Luft. Thore stand im Eingang. »Was wollt ihr?«, schrie er.

»Matti!«, brüllte einer, die beiden anderen knurrten zähnefletschend und wollten auf Thore losgehen.

Thorke wich vor Schreck zurück und hielt sich an einem Baum fest. Gestaltwandler, keine Wölfe, die man vielleicht verjagen konnte!

Im nächsten Augenblick gab Thore den Eingang frei, und mehrere Tonttut stürmten heraus, jeder mit einer Nirostaschüssel in den Händen. Sie gossen den Wölfen das Wasser über den Kopf, und das Jaulen aus Schreck und Schmerz sagte Thorke, dass es heiß war. Die ersten Tonttut wurden abgelöst durch die nächsten mit kochendem Wasser.

Kurz bevor Thorke mit der Grabegabel von hinten auf die Gestaltwandler losging, sah sie Arto losflitzen und im Wald verschwinden. Was hätte er auch ausrichten können? Inzwischen schöpften die Tonttut notgedrungen Wasser aus dem eisigen Bach und fuhren fort, die Gestaltwandler damit zu begießen. Gleichzeitig stürmte Matti mit blankem Degen auf die Wölfe los und verletzte einen an der Flanke so sehr, dass das Blut strömte.

Während Thorke wild mit der Grabegabel auf die Feinde einstach, brach Stigandr mit gewaltigem Geräusch durch das Unterholz, gefolgt von Arto. Der Troll schlug mit einem kräftigen Knüppel auf die Wölfe ein.

Die hatten endlich genug, wandten sich um und flohen im Galopp in den Wald, der Letzte hinkend.

»Das hatten sie nicht erwartet«, sagte Thore zufrieden. »Die dachten, wir schieben ihnen aus Angst Matti vor die Schnauze. Da kennen sie aber die Finnen schlecht.«

Der Professor, der gerade seinen Degen an den Grasbüscheln sauber gerieben hatte, sah sich gerührt um. »Ich danke euch allen! Wäre ich ihnen allein begegnet, wäre ich jetzt schon Hackfleisch. Dank auch an Arto, der Stigandr geholt hat.«

An Schlaf war in dieser Nacht nicht mehr zu denken, aber sie zogen sich trotzdem auf den Schrecken hin in ihre Schlafquartiere zurück.

Kapitel 24

Am nächsten Tag sollte das große Festessen stattfinden. Die verschiedenen Gruppen strömten schon in aller Frühe auf den Lorenzen-Hof. Thorke wurde durch das Reden und Erzählen geweckt, das zusammengenommen zu einem summenden Geräusch auf dem Hof wurde. Oke, der zum Wald hinaus schlief, kam zu ihr ans Fenster und fragte gähnend: »Was'n das für Lärm?«

»Unsere Gäste. Hunderte.« Thorke kicherte leise. »Macht aber nichts. Zwei Schüsselchen Grütze reichen. Mit Margarine. Keine Butter.«

»Willst du sie verhungern lassen?«, fragte Oke entsetzt und brach sein Gähnen ab.

»Ich nicht. Das war der Plan von Mams. Was würde sie wohl sagen, wenn ich ihr vorschlüge, ein Lied von Brahms im Konzert in der Mitte abzubrechen. ›Reicht für euch Leute. Für mehr habt ihr nicht bezahlt!‹«

Oke sah sie bewundernd an. »Ganz schön frech! Wenn du es Mams ins Gesicht sagen würdest.«

»Eher nicht. Komm, zieh dich an, Oke. Ich gehe schon runter.«

Unten hatte York bereits die Stalltür geöffnet und alle eingelassen, die das wollten. Zahlreiche Helfer meldeten sich bei ihm, um ihm bei den Vorbereitungen zur Hand zu gehen. Und er war dankbar für jede Hand.

Überrascht wurde Thorke dadurch, dass die Klabbis stapelweise kleine Sitzkissen herbeitrugen, die sie in aller Heimlichkeit aus den Resten des Segeltuchballens genäht hatten. Für dieses und weitere Weihnachtsfeiern des Kleinen Volkes im Lorenzen-Hof. Thorke lachte und klatschte Beifall.

Aufmerksam wurde sie aber, weil Brandur mit gefurchter Stirn und offenbar äußerst schlecht gelaunt jeden einzelnen seiner Leute zu scannen schien. Warum das? Beim Nähen für die Dörns hatten sie doch alle zusammen ausgelassen Witze gemacht und gelacht. Sie waren eine fröhliche Gemeinschaft gewesen, nachdem das Material gefunden worden war. »Ist etwas?«, flüsterte Thorke Brandur beunruhigt ins Ohr.

Er grummelte Unverständliches und schüttelte den Kopf.

Dann hinkte Fenrir in den Stall, Kissen bis über Kopfhöhe gestapelt, so dass sein Gesicht verdeckt war. Brandur trat auf ihn zu und schleuderte die Kissen mit einem Schlag auf den Boden. »Du bist ein *hamingjur*! Einer der drei von gestern!«

Thorke spürte seine Wut, und sie wurde von Entsetzen erfasst. Fenrir ein Gestaltenwandler! Die Wunde in der Flanke, die Matti ihm beigebracht hatte. Jetzt erkannte sie auch, dass der Hosenstoff an Fenrirs Hüfte rötlich schimmerte, vermutlich hatte er das Blut nicht ganz herauswaschen können.

»Matti zerstört unser altes Leben!«, schrie Fenrir und schmetterte die letzten Kissen auf den Boden. Dann floh er nach draußen.

»Wer sind die beiden anderen?«, rief Brandur ihm nach. Aber es war zu spät.

Thore, der Schweden-Finne, trat zu ihm und klopfte ihm zur Beruhigung sacht auf die Schulter. Brandur breitete die

Hände aus und wandte sich ihm zu. »Was soll ich nur machen, Thore, wer sind die beiden anderen? Wir müssen sie entlarven, bevor noch ein weiteres Unglück geschieht.«

»Brandur, wir haben den Wölfen kochendes Wasser ins Gesicht geschüttet. Deren Augen sind geschädigt, glaube mir. Außerdem haben sie Stichwunden an Hinterteil und Bauch, dank unserer Gastgeberin Thorke und dem Degenfechter Matti und Beulen von Stigandrs Keule. Es sollte nicht schwierig sein, sie zu finden.«

Es war nicht nötig, sie zu suchen.

Die Täter waren zwei junge Klabbis aus Fenrirs Gang, die sich freiwillig stellten. »Es tut uns leid«, beteuerten sie im Chor betreten. »Wir machen es nicht noch mal. Wir haben ja gar nichts gegen den Professor.«

»Ihr dürft die Heimreise mit uns antreten. Mehr kann ich euch nicht versprechen«, sagte Brandur, der sich angesichts der beiden wehleidigen, kümmerlichen Gestalten etwas beruhigt hatte.

Sie schlichen davon.

»War es Fenrir, der das Nähzeug versteckt hatte?«, fragte Thorke Brandur.

»Ich vermute«, sagte er knapp.

＊

Paps und Mams kamen beizeiten aus dem Hotel zurück. Als Mams das festlich geschmückte Wohnzimmer sah, schüttelte sie bewundernd den Kopf. »Thorke, ich habe inzwischen erfahren, was du alles geleistet hast. Zusammen mit dem Kleinen Volk. Ich habe es total unterschätzt. Lass dich umarmen. Verzeihst du mir?«

Thorke nickte überglücklich. »Mams, tust du mir einen Gefallen und strickst für den Troll Strigander einen neuen Pullover?«

»Zeit hätte ich in den nächsten vierzehn Tagen. Aber seine Maße? Das wird schwierig.«

»Du wirst schon sehen, das kriegen wir hin.« Danach organisierte Thorke zusammen mit York das Aufstellen eines langen Tisches und der Bänke. Dass der Stall zum Bersten voll sein würde, war klar. Aber immerhin waren auch die Krippen zum Sitzen geeignet. Paps kümmerte sich um die Grütze, die er längst fertiggestellt hatte.

In der Dörns deckte Mams den Tisch mit Tischdecke und feinem Geschirr für die Familie. Das Weihnachtsfest für die Menschen und das Grützfest für das Kleinvolk würden fast gleichzeitig stattfinden.

Bei beginnender Dunkelheit hatten alle ihren Platz gefunden. Stigandr schleppte den großen Grützkessel herein, während alle begeistert und erwartungsvoll mit dem Löffel auf den Schüsselrand klopften.

Danach war eine ganze Weile Stille, abgesehen von Grunzen und Schmatzen.

Mams verzog natürlich das Gesicht, während Paps, Oke und Thorke sich freuten. Erstaunt lauschten sie – auch die Erwachsenen – dem Lied, das Stigandr mit tiefer Stimme anstimmte, und das mit »aj, aj, aj, aj, buff, buff« endete. Sie kannten es alle, zumindest den Refrain, sogar die Huldren.

»Und da meint man, die unterschiedlichen Gruppen hätten keinen Kontakt untereinander gehabt«, sagte Thorke leise. »Das kann ja gar nicht stimmen. Ich glaube, wir wissen einfach zu wenig über sie und ihre Fähigkeiten.«

»Was mich wundert, ist, dass wir sie hören«, fiel Mams ein. »Außer Thorke kann doch niemand mit ihnen reden.«

»Ich auch«, warf Oke ein.

»Mams, um deine Frage zu beantworten: Sie haben zu diesem Festessen die Mützen, die sie unsichtbar und unhörbar machen, abgesetzt. Damit wir nicht nur an den leeren Schüsseln merken, wie zufrieden sie sind.«

»Tatsächlich?«

»Ja, aber lauft nun nicht in den Stall hinüber, um sie anzustaunen!«, bat Thorke. »Sie sind Gäste, keine Ausstellungsstücke.«

Mams nickte nachdenklich. »Ja, das ist hinter der Bühne ähnlich.«

Das Schwatzen und Lachen nebenan hob wieder an, bis Brandur zu ihnen an den Tisch kam. »Wir möchten euch alle kurz zu uns in den Stall bitten, besonders aber den Herrn Paps.«

Thorke bemerkte, dass Paps' Blick an Brandurs Gürtel hängen blieb, an dem die Knotenschnur mit der Bootsmannspfeife hing. Er wusste sofort, dass der Klabbi der Vormann aus Island war, und lächelte ihm von Seemann zu Seemann zu.

Als sie den Stall betraten, stand das Kleinvolk Spalier. Sogar der Wirt und sein Mitarbeiter waren da. Brandur pfiff ein Signal auf der Bootsmannspfeife, das aus einem Sekunden-Triller, gefolgt von einem kurzen Hochton bestand. Und Paps schritt die Reihe ab, als sei es das Selbstverständlichste auf der Welt, auf diese Weise geehrt zu werden.

Danach bedankten sich Brandur, Stigandr und Gösta im Namen aller für die beste Hafergrütze der Welt, Paps erwiderte ihren Dank, und damit war die kurze Zeremonie beendet.

✳

»Was war denn das, Jonte?«, fragte Mams, als sie wieder unter sich waren.

»Das war Seitenpfeifen«, antwortete Thorke an seiner Stelle, um ihm aus der Verlegenheit zu helfen, sich selbst zu loben. »Damit ehrt man an Bord hochrangige Gäste, besonders wenn sie sich um etwas verdient gemacht haben. Zum Beispiel um Grütze.«

»Was es nicht alles beim Kleinen Volk gibt.« Mams staunte immer noch, als sie das Geschirr zusammenstellte und Thorke und Oke den Nachtisch auftrugen, den es nur an Weihnachten gab: Götterspeise, geschichtet aus geriebener Schokolade, geriebenem Schwarzbrot und Sahne, zuweilen verziert mit ein paar in Rum getränkten Kirschen.

»Singst du uns jetzt dein Lieblingslied«, bat Paps, als alles abgeräumt war. »Aber heute natürlich leise, damit wir die fröhliche Gesellschaft da drüben nicht stören.«

»Ach, die sind so laut, die merken nichts.« Oke winkte ab.

Mams stand auf, stellte sich neben den Weihnachtsbaum, der traditionell mit silbernen Kugeln und Tannenzapfen geschmückt war, und stimmte »Dona nobis pacem« an.

Die erste Strophe war noch nicht beendet, als die ganze Schar des Kleinvolks sich in der offenen Tür versammelt hatte. Dann gab es Bewegung unter ihnen, die Klabbis schoben sich in die erste Reihe durch und sortierten sich nach einem unverständlichen Muster.

Thorke begriff plötzlich: Da stellte sich ein Chor auf, geordnet nach Stimmlage. Kaum hatten sie ihre Positionen eingenommen, fielen sie verhalten in Mams' Gesang ein, dreistimmig im Kanon und geübt wie ein Shanty-Chor. Seeleute eben, die das ganze Jahr unterwegs waren und an Bord Arbeitslieder auf Großseglern, Weihnachtslieder, Choräle und moderne Lieder der Unterhaltungsindustrie kennengelernt hatten.

Mams war auf der Bühne erfahren genug, um sich nicht irritieren lassen, sie freute sich mit einem kurzen Lächeln über die nicht erwartete Chorbegleitung und sang in Konzertlautstärke weiter, im Kanon gefolgt vom Chor.

Viel später wurde aus dem Grützessen ein turbulentes Fest. Der Tisch und die Bänke wurden an die Seite geschoben und der mit den Fähnchen geschmückte Baum in die Mitte gestellt, damit er im Reigen umtanzt werden konnte. Vor allem Stigandr hatte mit den Huldren, die wesentlich größer waren als Puken, Nisse, Klabbis, Tomtar und Tonttut, endlich Tanzpartner, die er nicht auf dem Arm tragen musste. Zum Schluss bedankten sie sich alle artig bei Mams, Paps, Oke und Thorke und beteuerten, dass sie das seit Jahrhunderten schönste Fest erlebt hatten.

Begriffserklärungen

Dörns: beheiztes Wohnzimmer in Nordfriesland

Gestaltenwandler in mehreren nordischen Ländern: Verwandlung in Hunde, Katzen oder Böcke, um Böses zu tun

Gestaltenwandler in Island, hamingjur: Verwandlung in Menschen, Tiere, Pflanzen, außerdem Ändern von Alter, Ethnie, Geschlecht

Huldren: Waldgeister (den Elfen zugerechnet, Schweden)

Verwandtes Kleinvolk (Plural): Nisser (Dänemark), Puken (Nordfriesland), Tomtar (Schweden), Tonttut (Finnland), Tondid (Estland), Klabautermänner

Kratt (Estland, in Schweden Skratt): tückischer, boshafter Kobold, mit Tondid verwandt

Montress: isländisch Angeber

Tant: höfliche Bezeichnung in der 3. Person von Kindern gegenüber unbekannten Erwachsenen (Schweden)

Troll: eigene Kategorie (Norwegen, Schweden)

Sood: Zisterne

Spark: schwedischer Tretschlitten

Verwendete Literatur (nur unvollständig recherchierbar)

Aus dem inneren und äußeren Leben der Ehsten (F. J. Wiedemann)

Germanische Elben und Götter beim Estenvolke, 1906

Nu ska vi sjunga (Hugo Gebers Förlag, ca. 1941, Schweden), schwedisches Schulliederbuch

Verhandlungen der gelehrten Ehstnischen Gesellschaft zu Dorpat, 2. Band: Fr. R. Kreuzwald: Über den Charakter der Estnischen Mythologie, 1848